IQ 팡팡

IQ·EQ 개발프로그램

IQ 팡팡을 하면

뇌는 크게 좌뇌와 우뇌로 나뉘는데 좌뇌와 우뇌가 균형있게 개발되야 완전한 두뇌 발달이 가능합니다.

오른손을 많이 쓰는 우리 아이들은 우뇌보다 좌뇌가 더 발달됩니다.

따라서 다양한 놀이와 체험을 통해 조화로운 두뇌발달을 시켜주는것이 중요합니다.

미로찾기를 하면

❶ 재미있고 흥미로운 길을 따라가다 보면 우뇌를 자극해 공간지각력과 집중력, 창의력을 발달시켜줍니다.

❷ 주어진 상황을 인식하고 목표를 정하는 과정은 아이에게 적극성을 심어 줍니다.

❸ 미로찾기를 끝내고 나면 문제를 해결했다는 자신감과 성취감을 얻을 수 있습니다.

종이접기를 하면

❶ 종이를 접으면서 다양한 상상을 하고 창의적으로 사고하는 방법을 배웁니다.

❷ 색과 형체가 조화를 이뤄 새로운 조형물이 완성되는 것을 보면서 미적 감각과 과학적인 개념이 생겨납니다.

❸ 종이를 접는 과정을 통해 한가지 일에 집중할 수 있는 습관을 기르고 완성됐을 때 성취감을 느낄 수 있습니다.

이런 점이 좋아져요!!

길을 따라가고 색종이를 오리고 접다 보면 아이들의 호기심을 자극하여 상상력과 집중력, 추리력, 응용력이 생기고 여러방면으로 지능 발달에 도움을 줍니다.

그럼, 우리도 시작해 볼까요?

색칠하기를 하면

❶ 선을 긋고 색칠을 하면 손의 움직임을 유연하게 만들어 주고 다양한 형태의 선을 긋다보면 손의 소근육을 발달시키고 1:1 대응 개념을 익힐 수 있습니다.

❷ 다양한 모양을 따라 그리고 색칠하다 보면 자연스럽게 형태 개념을 키울 수 있습니다.

❸ 그림을 비교해 가며 사물의 다른 점과 같은 점을 파악하는 능력을 키울 수 있습니다.

오리기, 접기, 붙이기를 하면

❶ 오리고, 접고, 붙이는 동안 우리 아이 소근육은 물론 좌뇌 · 우뇌가 발달하고, 창의력이 쑥쑥 자라납니다.

❷ 가위로 자유롭게 오리기를 하다보면 구성력과 창의력을 기릅니다.

❸ 작품을 완성하는 동안 자연스럽게 대상에 대한 지식을 얻을 수 있으며 표현 능력도 함께 키울 수 있습니다.

달콤하고 시원한 아이스크림입니다.
화살표를 따라 별이 있는 곳까지 길을 따라 가 보세요.

번호 순서에 따라 선을 그어 보고 예쁘게 색칠도 해 보세요.

10

9

1

8

7

2

3   6

4   5

푸른 바다 위에 흔들거리며 떠다니는 배를 생각하며
어떻게 접는지 번호 순서대로 접어 보세요.

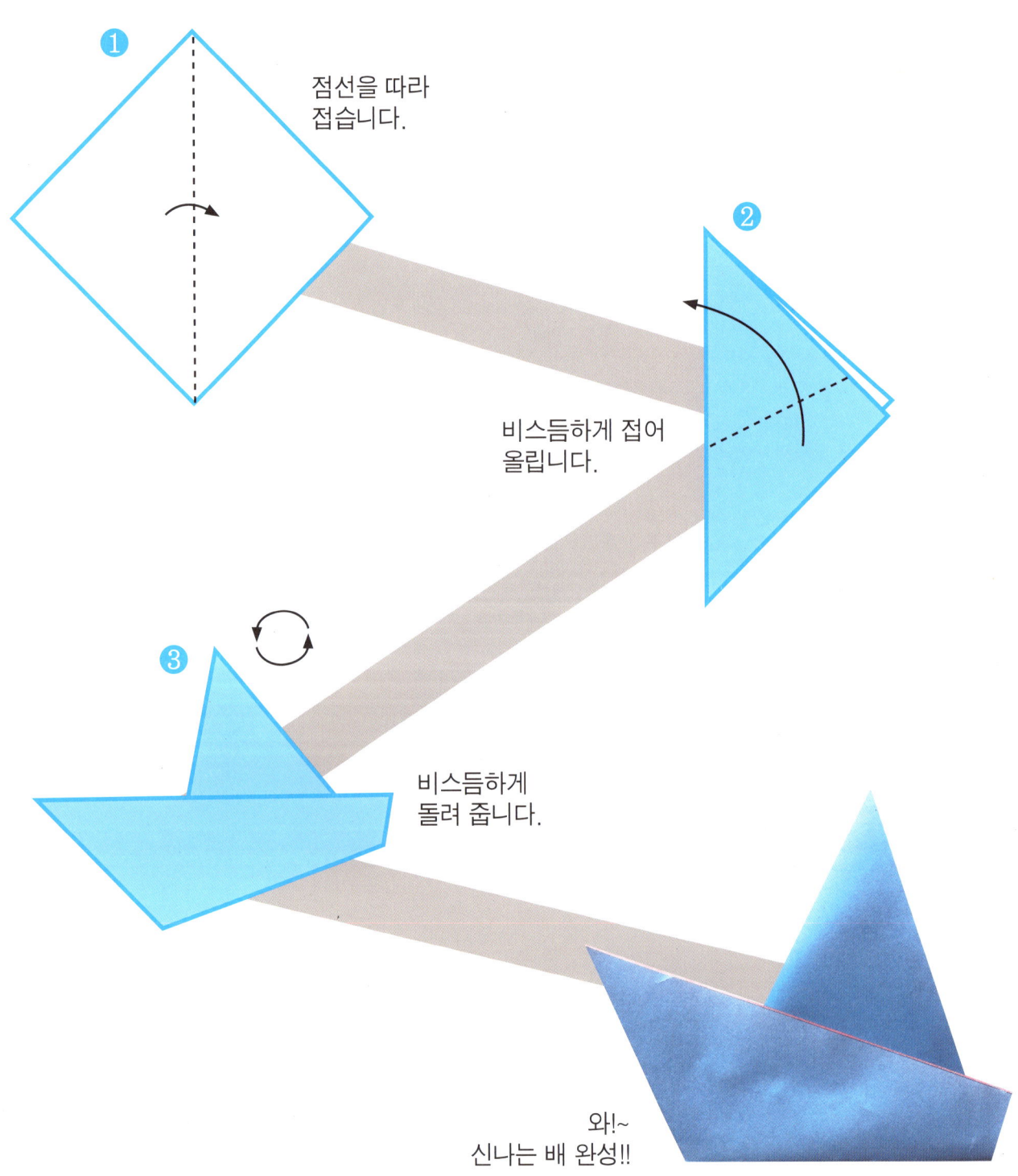

❶ 점선을 따라 접습니다.

❷ 비스듬하게 접어 올립니다.

❸ 비스듬하게 돌려 줍니다.

와!~
신나는 배 완성!!

종이를 오려서 두꺼비 그림을 맞추어 보세요.

 완성된 그림

 아래 작은 두 개의 네모를 오려 좌우로 바꾸고,
오려진 두 개의 모양을 맞붙여 두꺼비의 얼굴을 완성합니다.

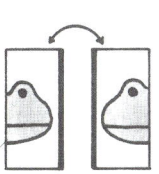 

▼아래 네모는 어머니께서 가위로 오려주십시오.

각 모양을 오려 붙여 사과 그림을 완성합니다.

 완성된 그림

① 아래 (나)에서 두 가지 동그라미를 각각 오려 둡니다.
② (가)에 있는 그림 위에 오려둔 1을 붙입니다.
③ 다시 도형 2 자리에 오려둔 2를 맞추어 붙입니다.

▼아래 네모는 어머니께서 가위로 오려주십시오.

(가)

1의 모양

(나)

2.

1. 2의 모양

9

선을 따라 접어 신기한 종이접기를 완성합니다.

 토끼

 점선을 따라 똑바로 접습니다.
앞 뒤로 보이는 것은 누구입니까?

▼아래 네모는 어머니께서 가위로 오려주십시오.

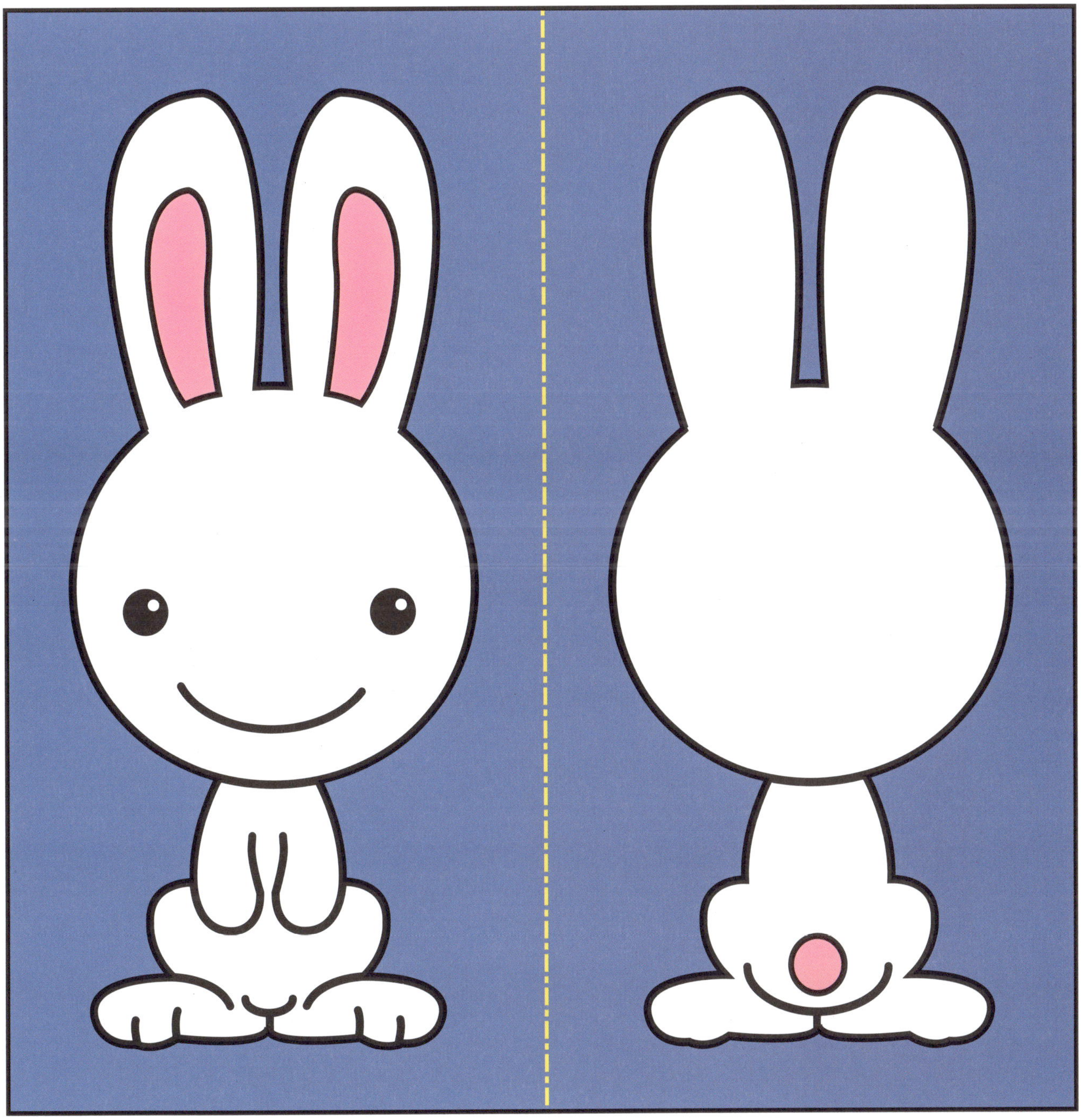

11

동물들이 좋아하는 것은 어떤 것일까요? 좋아하는 음식을 찾아
줄을 그어 보세요.

다람쥐

뼈다귀

토끼

당근

강아지

도토리

13

번호 순서에 따라 선을 그어 보고 예쁘게 색칠도 해 보세요.

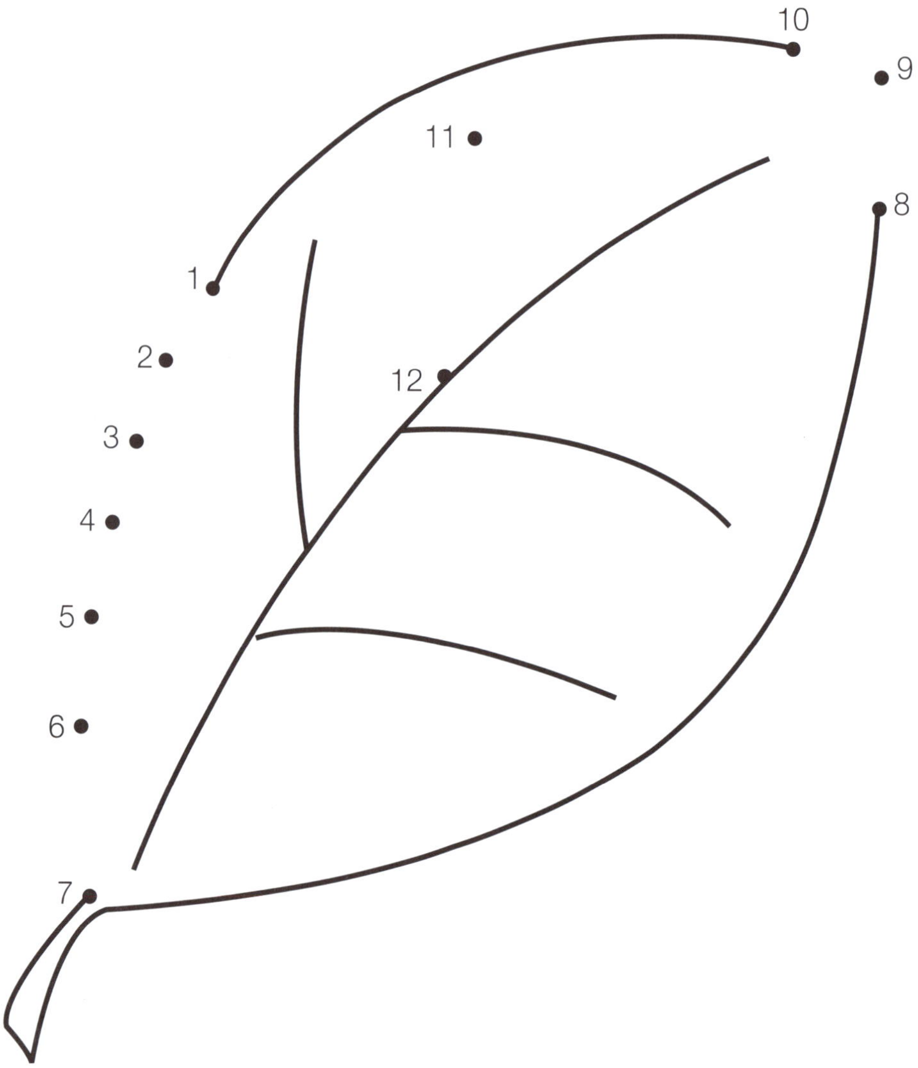

10
9
11
1
8
2
12
3
4
5
6
7

여러분~ 주둥이가 뾰족한 새를 만들어 볼까요?
어떻게 접는지 번호 순서대로 접어 보세요.

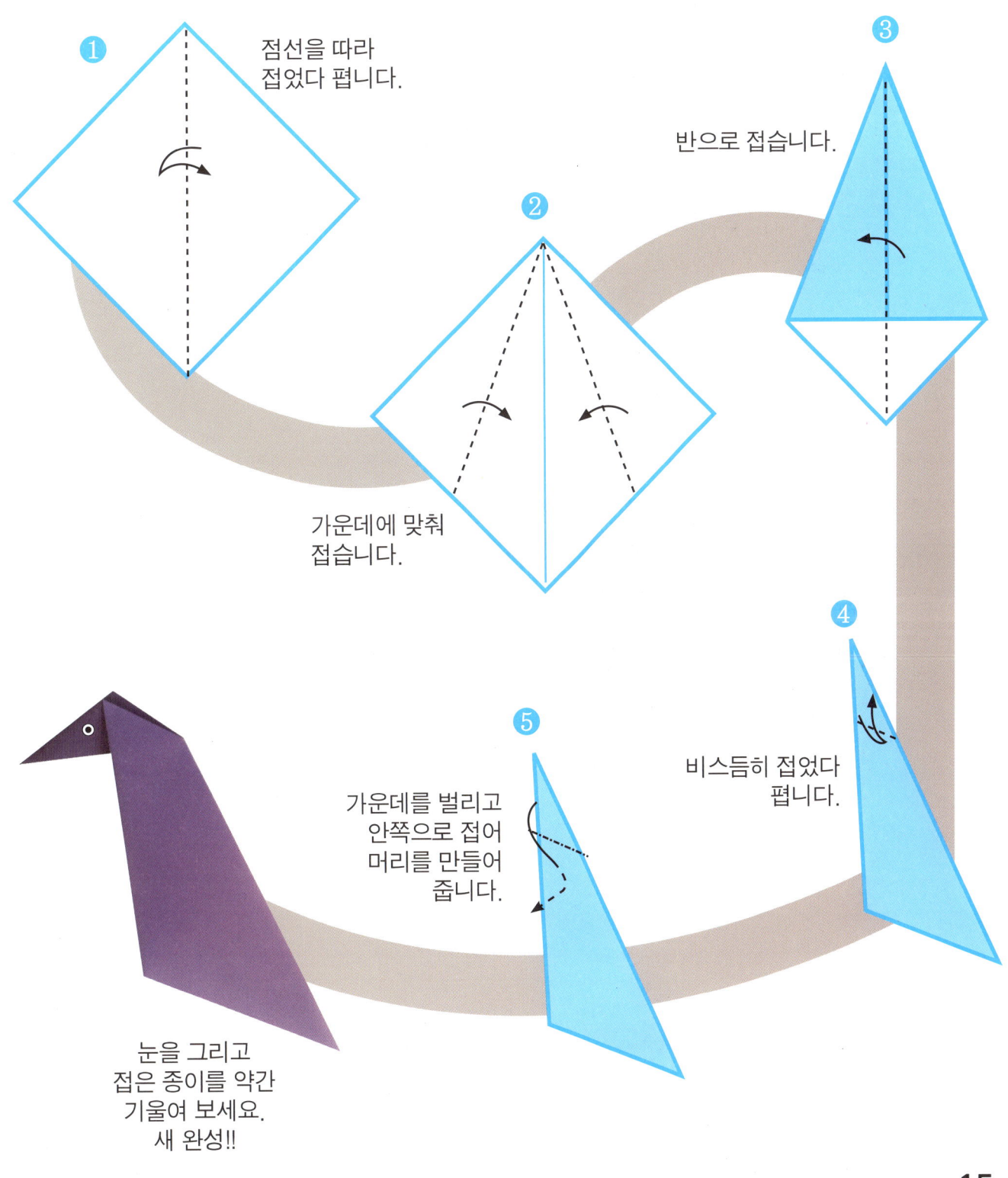

❶ 점선을 따라
접었다 폅니다.

❷ 가운데에 맞춰
접습니다.

❸ 반으로 접습니다.

❹ 비스듬히 접었다
폅니다.

❺ 가운데를 벌리고
안쪽으로 접어
머리를 만들어
줍니다.

눈을 그리고
접은 종이를 약간
기울여 보세요.
새 완성!!

15

선긋기

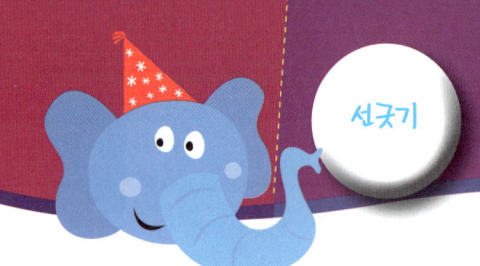

여러가지 모양의 도형들이 있습니다. 어떤 모양이 나오는지
도형의 외곽선을 따라 선을 그어 보세요.

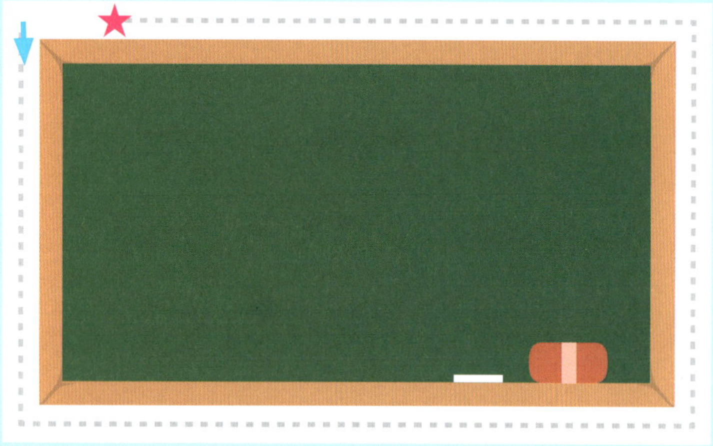

사각형

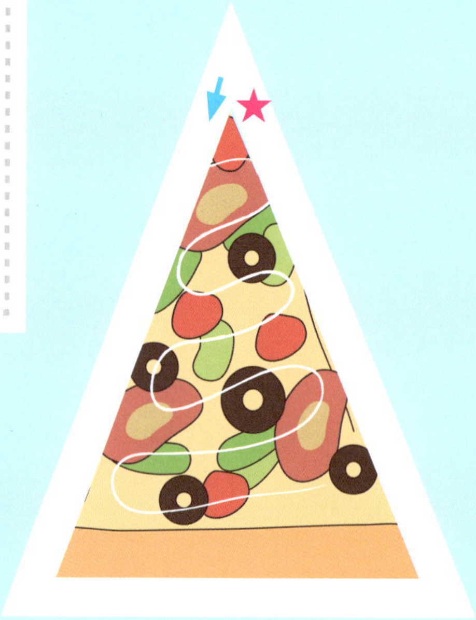

삼각형

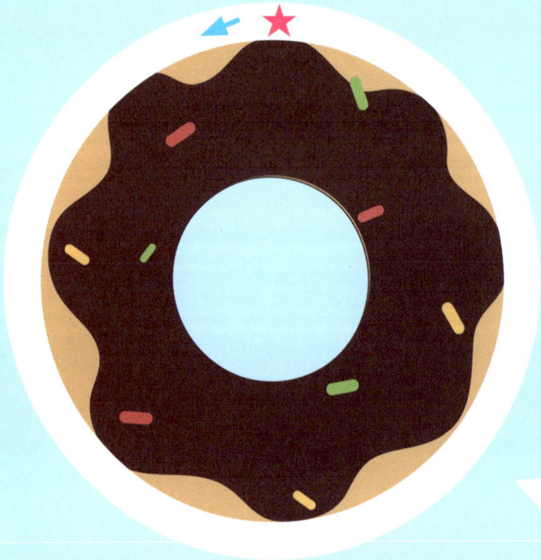

동그라미

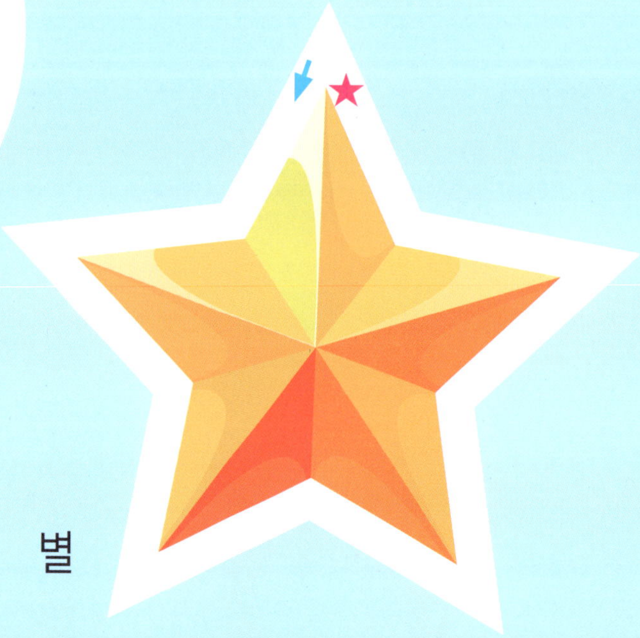

별

종이를 오려서 오리 그림을 맞추어 보세요.

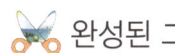

완성된 그림

만드는 방법

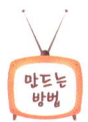

대각선으로 갈라지는 삼각형을 오려 위아래로 바꾸고,
오려진 두 개의 모양을 맞붙여 오리의 얼굴을 완성합니다.

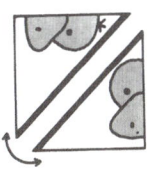

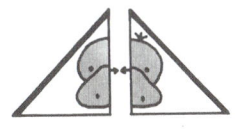

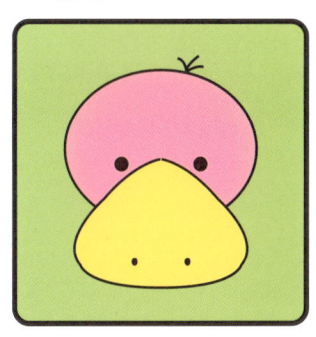

▼아래 네모는 어머니께서 가위로 오려주십시오.

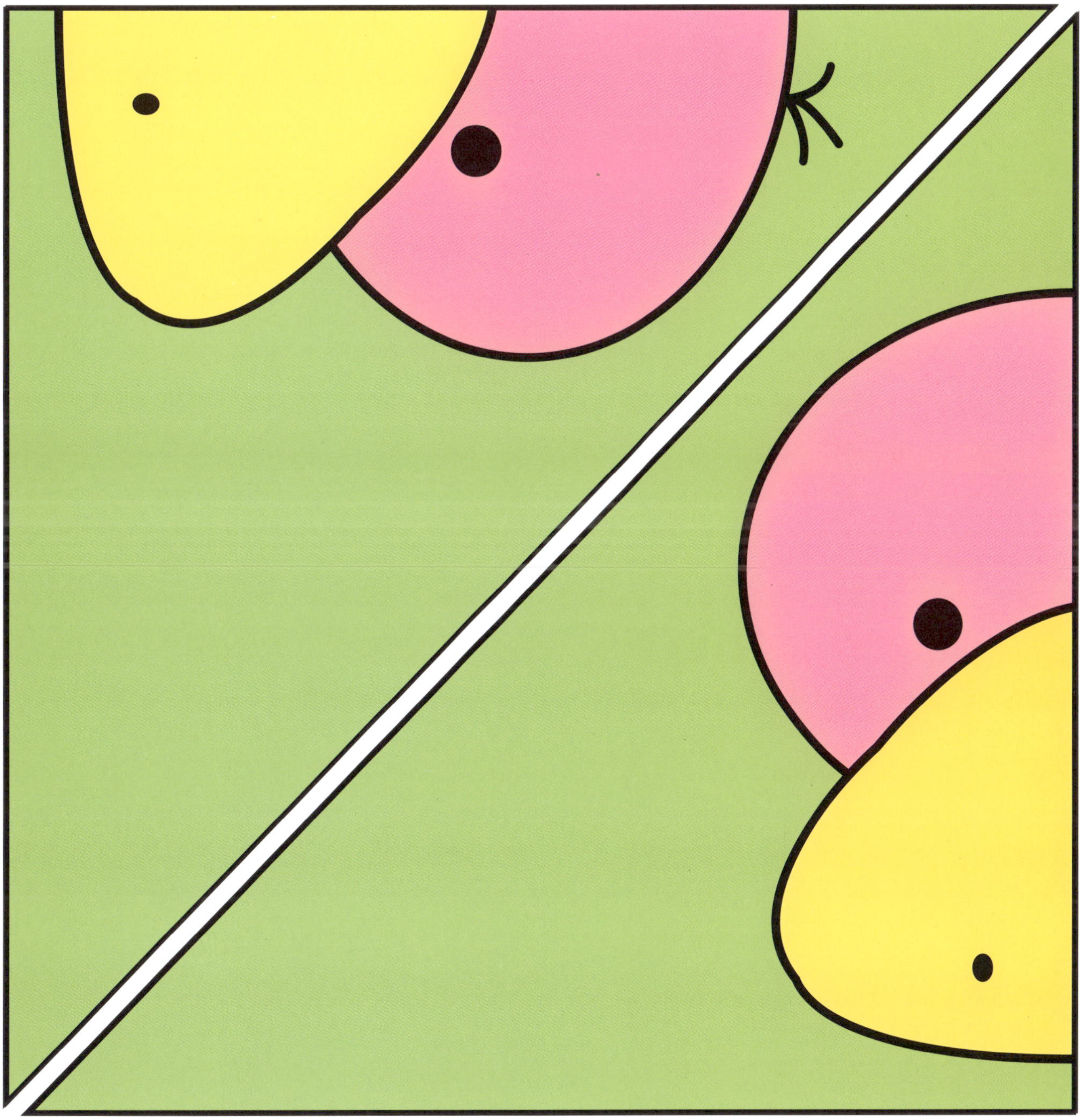

각 모양을 오려 붙여 배 그림을 완성합니다.

완성된 그림

 **만드는 방법**

① 뒷면 (나)에서 각각의 네모를 오려 둡니다.
② (가)에 있는 그림 위에 오려둔 1을 붙입니다.
③ 다시 네모 2 자리에 오려둔 2를 맞추어 붙입니다.
④ 나머지 3 자리에 오려둔 3을 맞추어 완성합니다.

(가)

도형 1

각 모양을 오려 붙여 배 그림을 완성합니다.

(나)

▼아래 모양들은 아이가 직접 가위로 오리게 합니다.

1.

도형 2

2.

도형 3

3.

번호 순서에 따라 선을 그어 보고 예쁘게 색칠도 해 보세요.

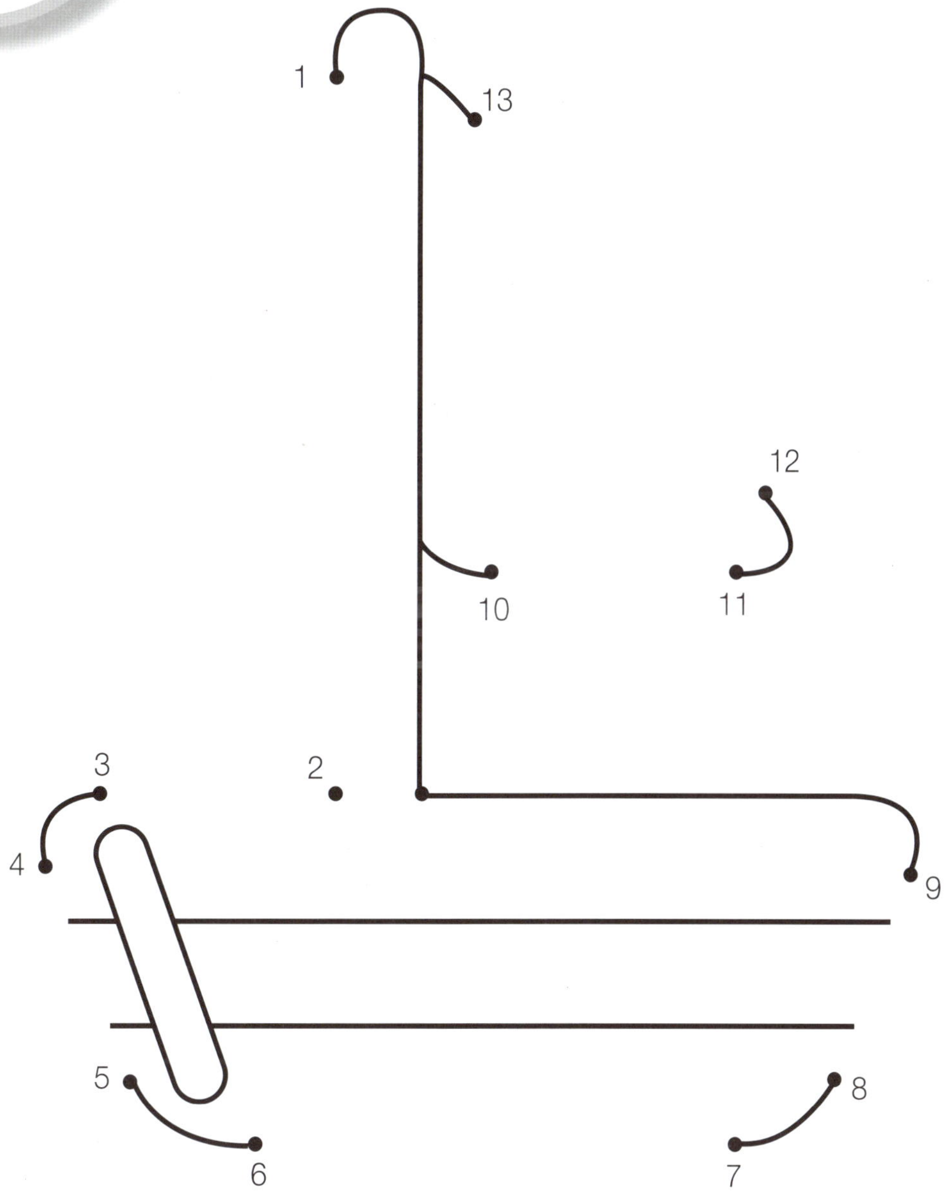

1
13
12
11
10
3
2
4
9
5
8
7
6

둥둥둥~ 물결 따라 나룻배가 떠갑니다.
어떻게 접는지 번호 순서대로 접어 보세요.

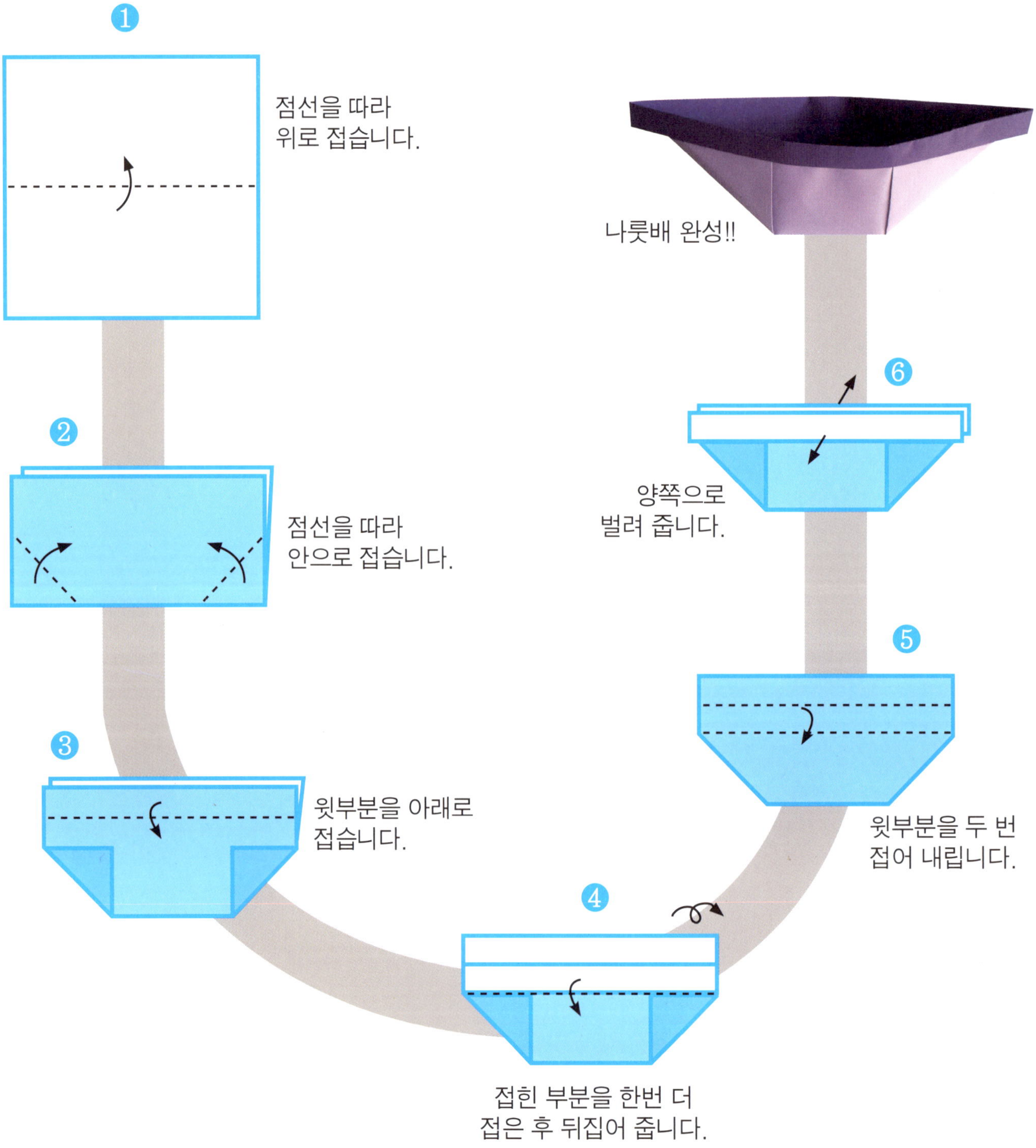

❶ 점선을 따라
위로 접습니다.

나룻배 완성!!

❷ 점선을 따라
안으로 접습니다.

❻ 양쪽으로
벌려 줍니다.

❸ 윗부분을 아래로
접습니다.

❺ 윗부분을 두 번
접어 내립니다.

❹ 접힌 부분을 한번 더
접은 후 뒤집어 줍니다.

24

꼬불꼬불 길을 따라가다 보면 같은 종류의 친구를 만날 수 있어요. 출발해 볼까요?

번호 순서에 따라 선을 그어 보고 예쁘게 색칠도 해 보세요.

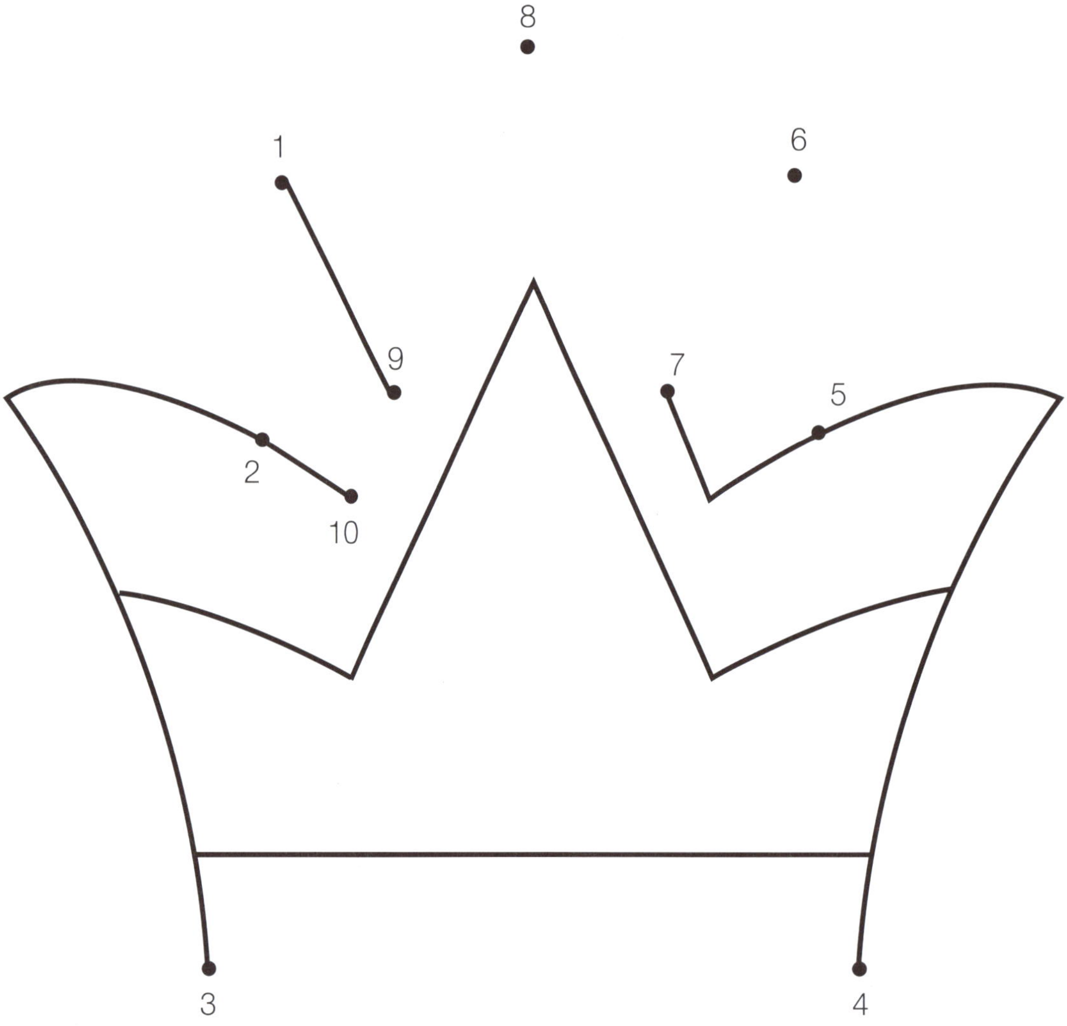

8

1

6

9

7

2

5

10

3

4

선을 따라 접어 신기한 종이접기를 완성합니다.

 곰

 점선을 따라 양쪽으로 정확하게 접습니다.
앞 뒤로 보이는 것은 누구입니까?

▼아래 네모는 어머니께서 가위로 오려주십시오.

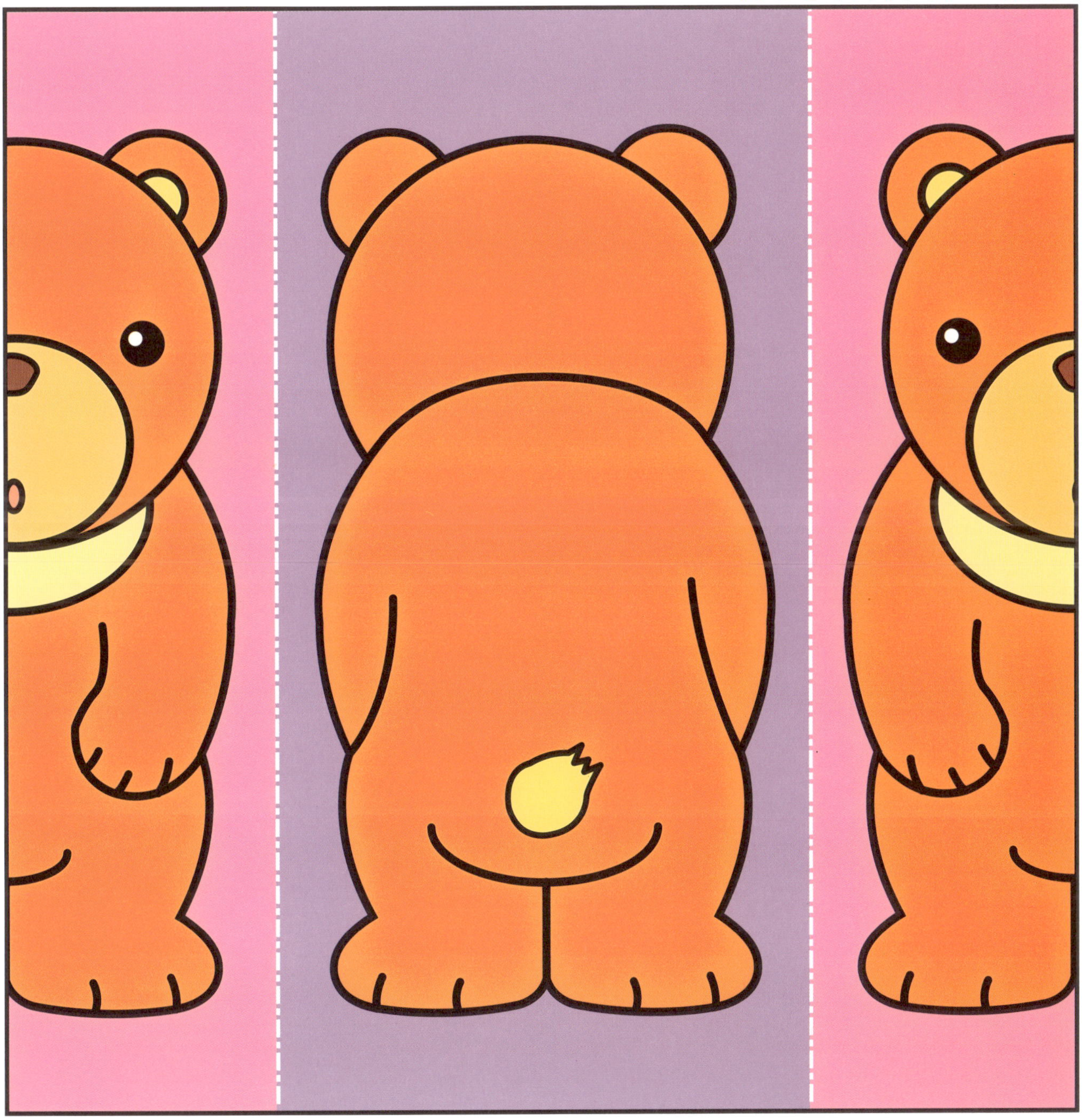

선을 따라 접어 신기한 종이접기를 완성합니다.

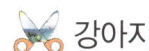

강아지

만드는 방법

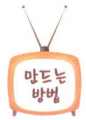

노란 점선을 먼저 접고 다음 검정색 점선을 접습니다.
누구의 얼굴이 될까요?

▼아래 네모는 어머니께서 가위로 오려주십시오.

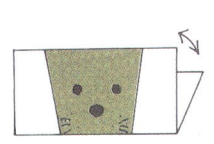

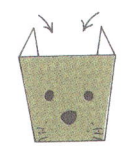

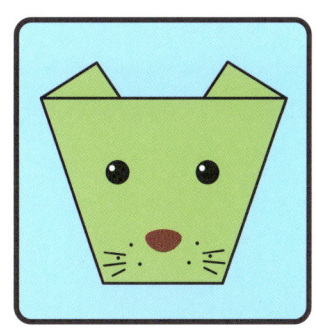

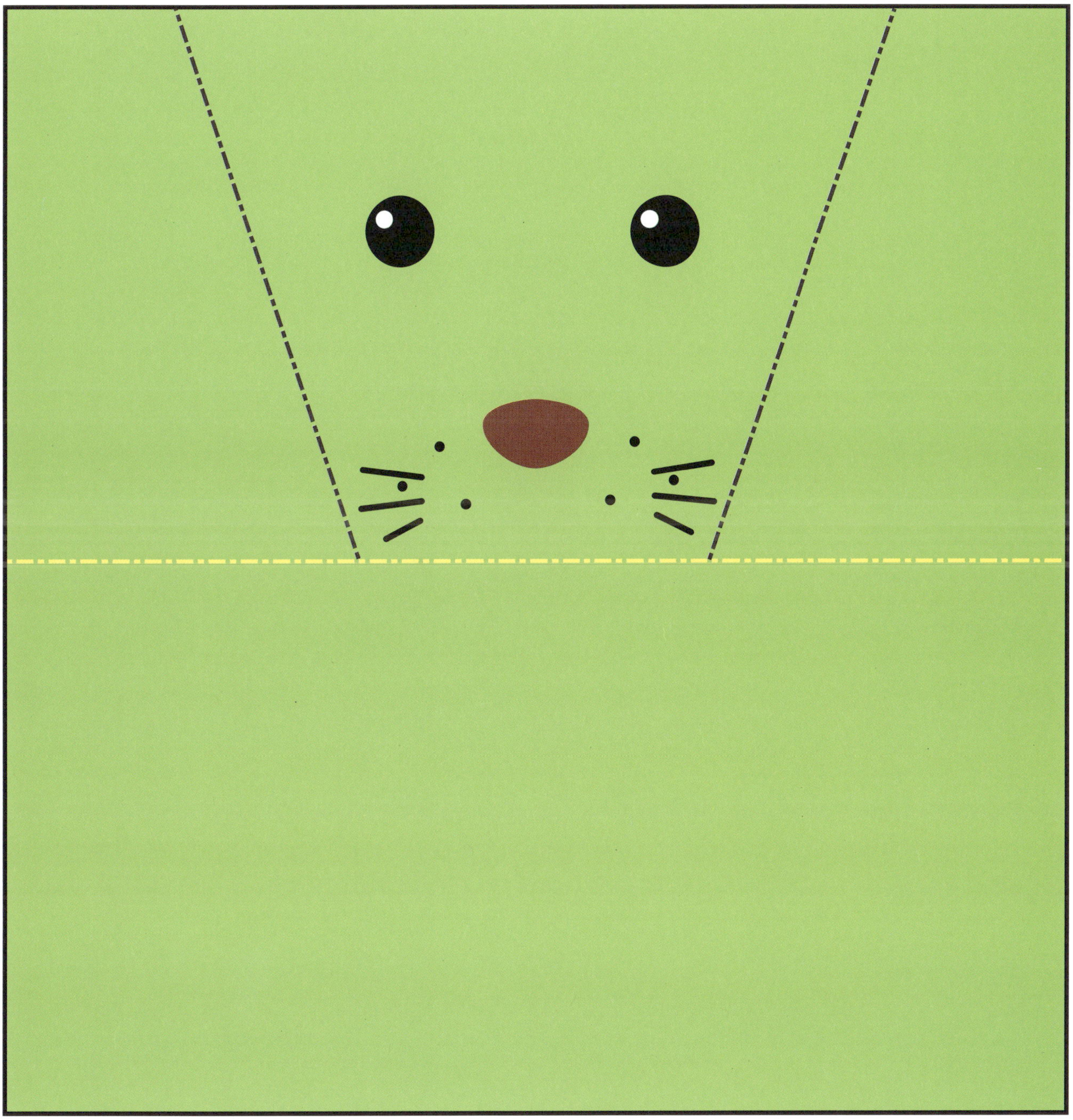

종이를 오려서 젖소 그림을 맞추어 보세요.

✄ 완성된 그림

아래 작은 두 개의 네모를 오려 위아래로 바꾸고,
오려진 두 개의 모양을 맞붙여 젖소의 얼굴을 완성합니다.

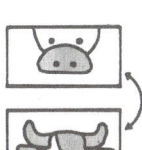 

▼아래 네모는 어머니께서 가위로 오려주십시오.

고깔모자는 어떻게 접는지 번호 순서대로 접어 보세요.
예쁜 그림을 그려 멋진 모자를 완성시켜 보세요.

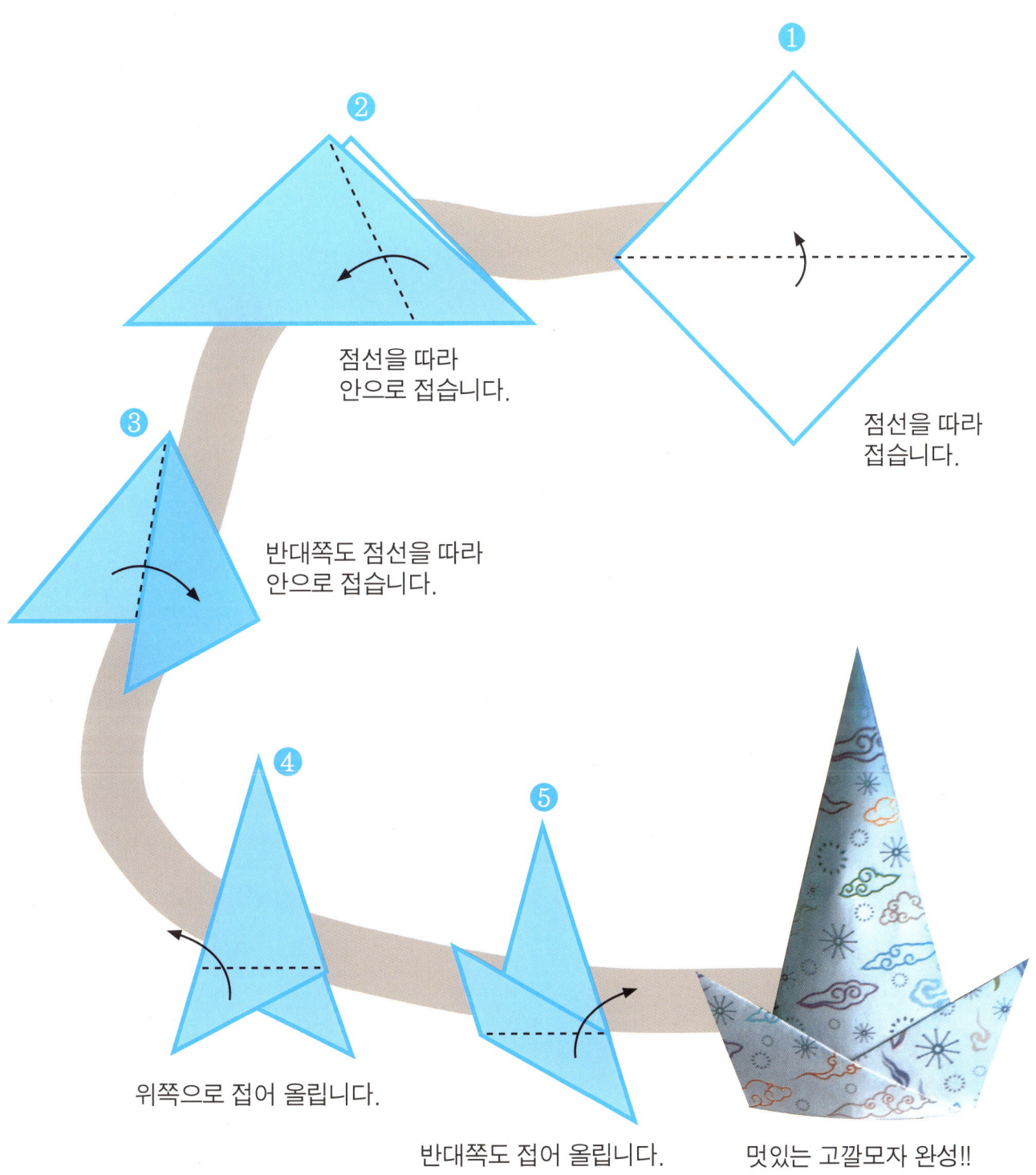

①
점선을 따라
접습니다.

②
점선을 따라
안으로 접습니다.

③
반대쪽도 점선을 따라
안으로 접습니다.

④
위쪽으로 접어 올립니다.

⑤
반대쪽도 접어 올립니다.

멋있는 고깔모자 완성!!

33

동물들이 그만 길을 잃었어요. 양과 닭이 우리로 안전하게 들어
가도록 선을 그어 보세요.

번호 순서에 따라 선을 그어 보고 예쁘게 색칠도 해 보세요.

찌르르르~ 찌르르르~ 메뚜기가 폴짝거리며 울어댑니다.
어떻게 접는지 번호 순서대로 접어 보세요.

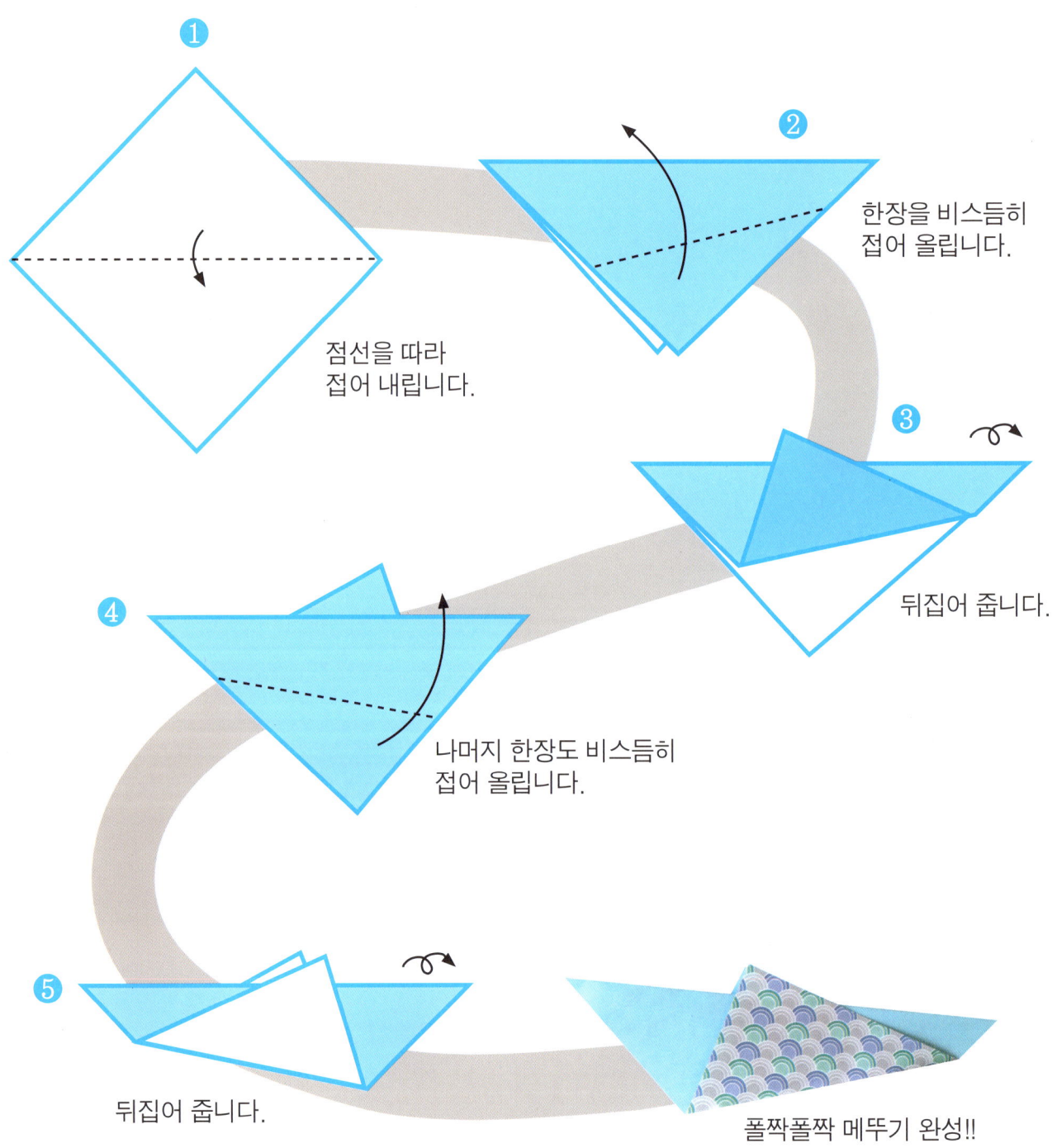

① 점선을 따라
접어 내립니다.

② 한장을 비스듬히
접어 올립니다.

③ 뒤집어 줍니다.

④ 나머지 한장도 비스듬히
접어 올립니다.

⑤ 뒤집어 줍니다.

폴짝폴짝 메뚜기 완성!!

각 모양을 오려 붙여 오렌지 그림을 완성합니다.

완성된 그림

만드는 방법

① 뒷면 (나)에서 각각 세 개의 삼각형을 오려 둡니다.
② (가)에 있는 그림 위에 오려둔 1, 2, 3을 붙입니다.
③ 오렌지가 완성되었습니다.

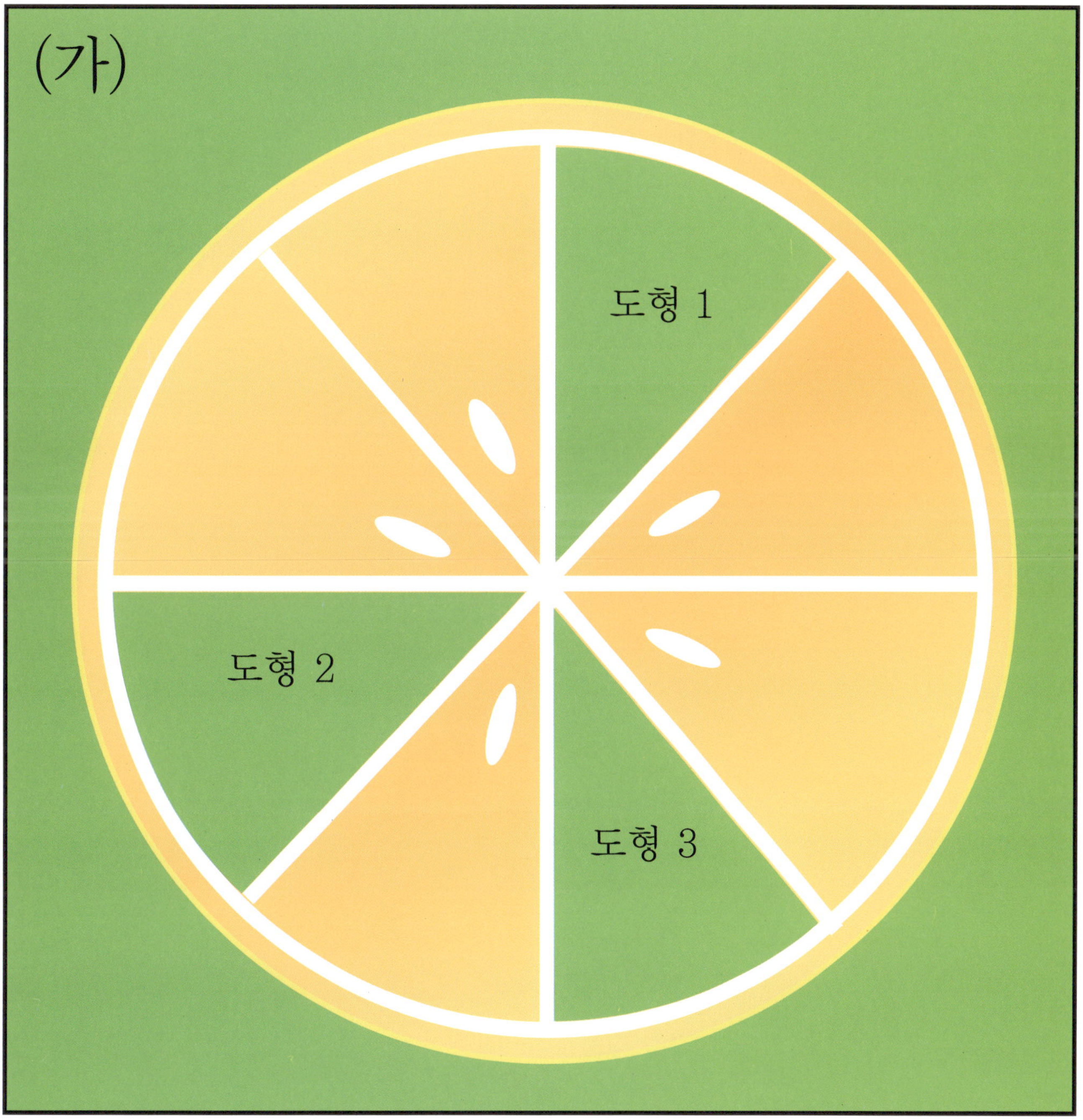

(가)

도형 1

도형 2

도형 3

각 모양을 오려 붙여 오렌지 그림을 완성합니다.

(나)

▼아래 모양들은 아이가 직접 가위로 오리게 합니다.

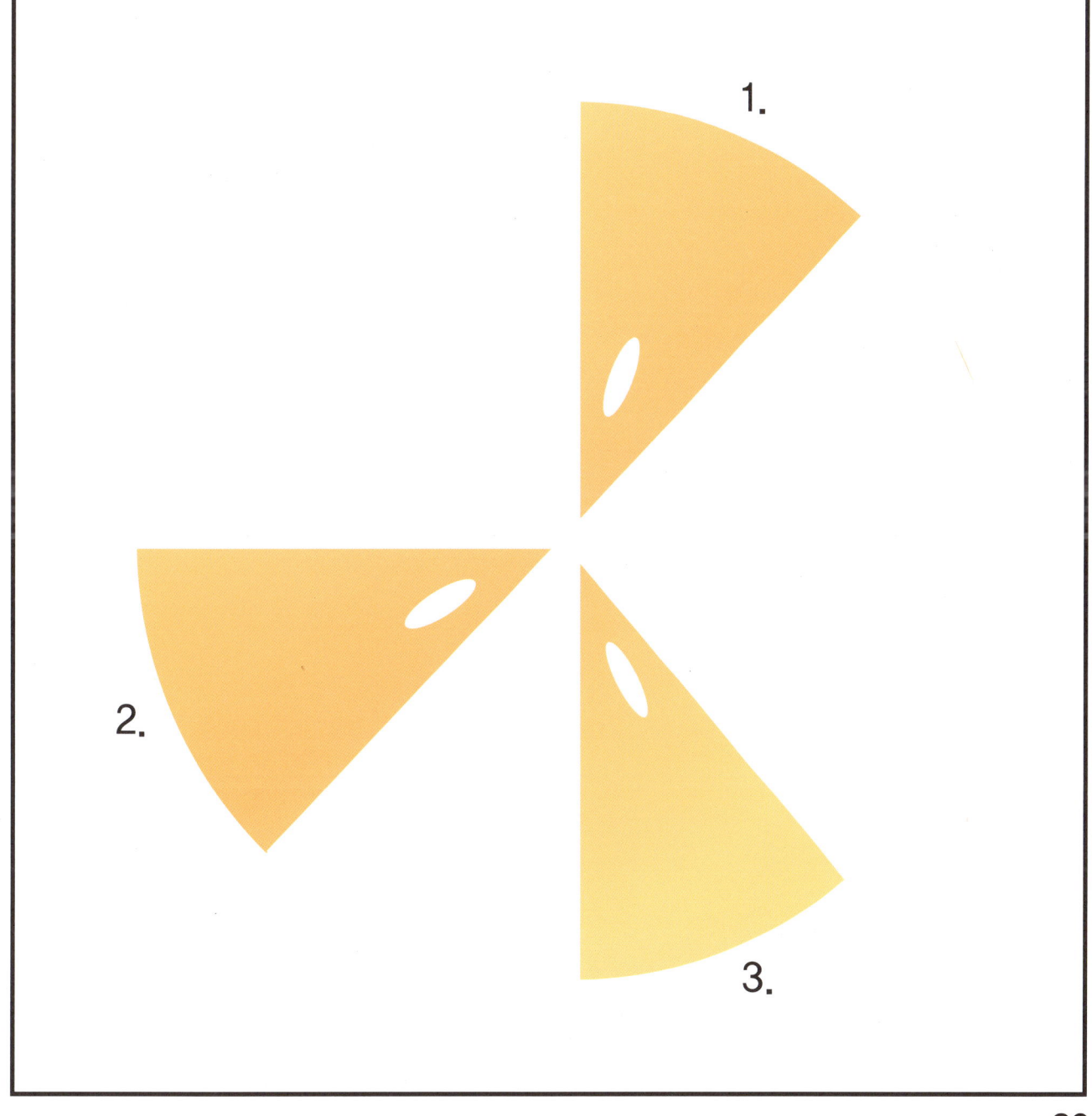

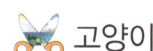

선을 따라 접어 신기한 종이접기를 완성합니다.

고양이

만드는 방법

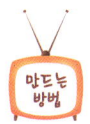

검정색 점선을 먼저 접은 다음 자주색 점선을 접습니다.
누구의 얼굴이 될까요?

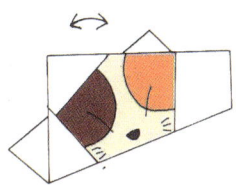

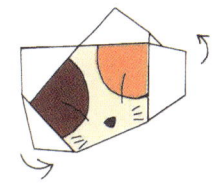

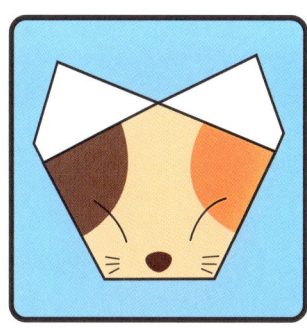

▼아래 네모는 어머니께서 가위로 오려주십시오.

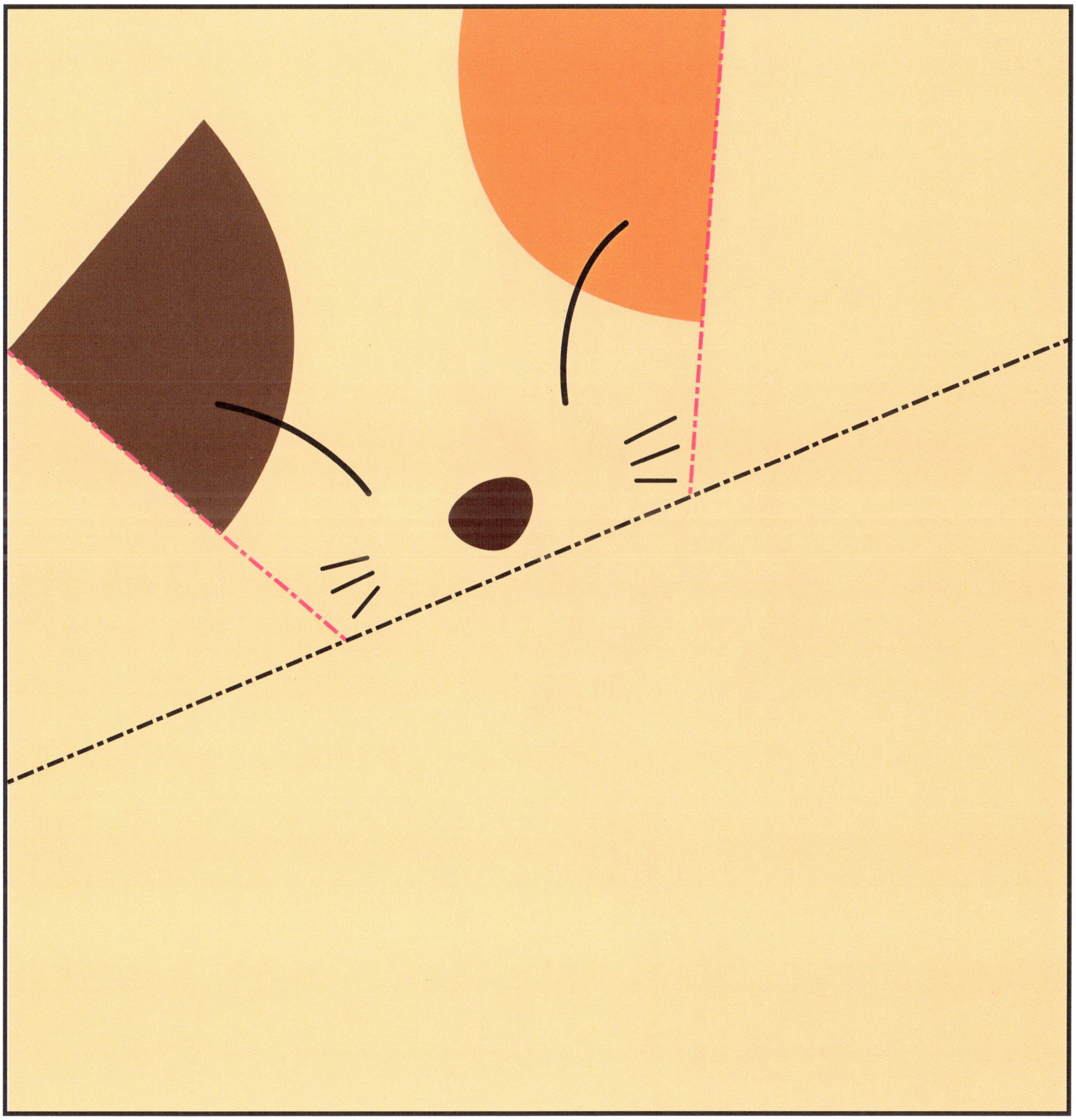

친구들에게 지금 필요한건 뭘까요? 필요한 물건을 찾아 줄을 그어 보세요.

물감

비누

우산

번호 순서에 따라 선을 그어 보고 예쁘게 색칠도 해 보세요.

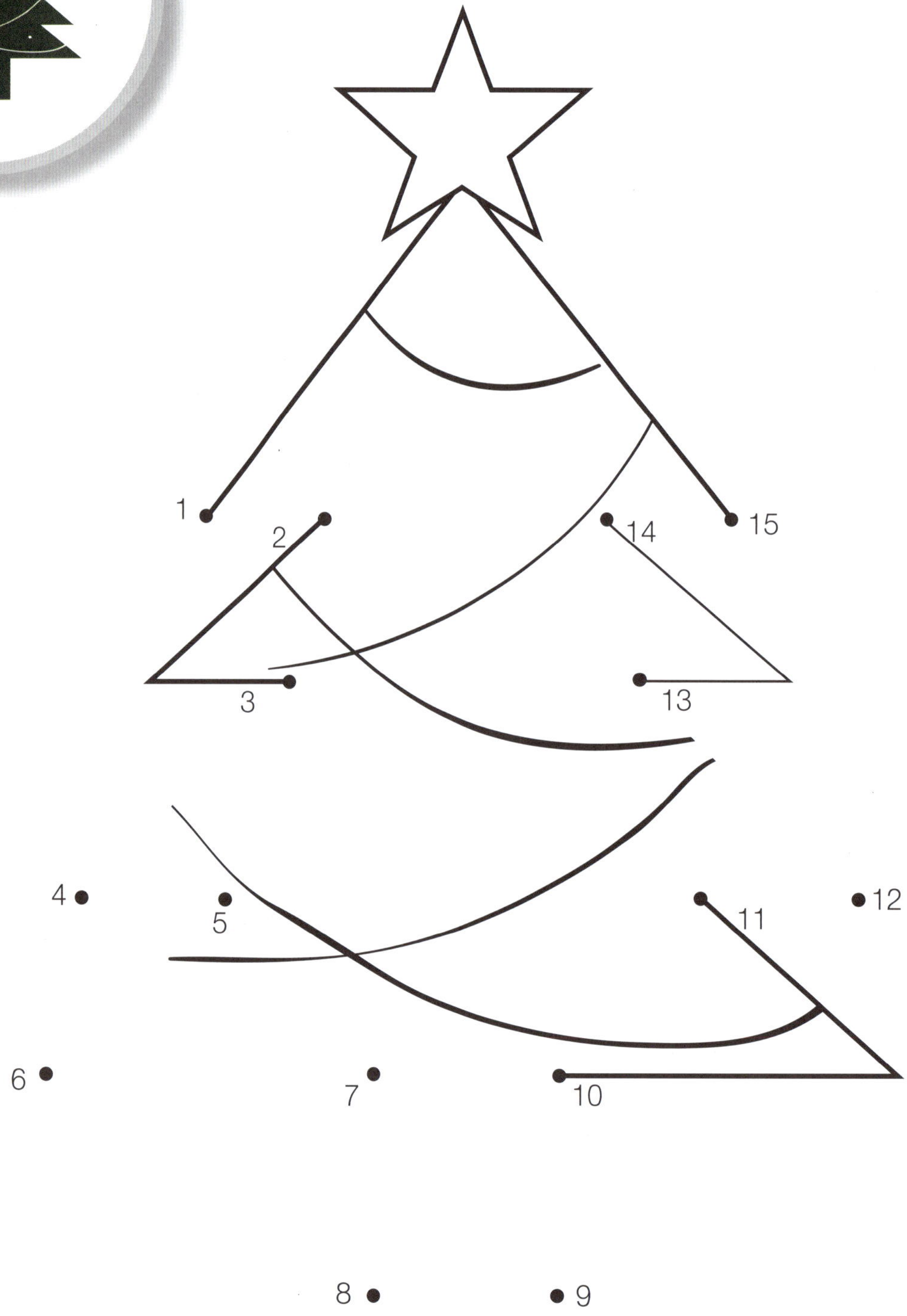

1
2
3
14
15
13
4
5
11
12
6
7
10
8
9

44

야옹야옹~ 깜찍한 고양이가 놀러왔네요.
어떻게 접는지 번호 순서대로 접어 보세요.

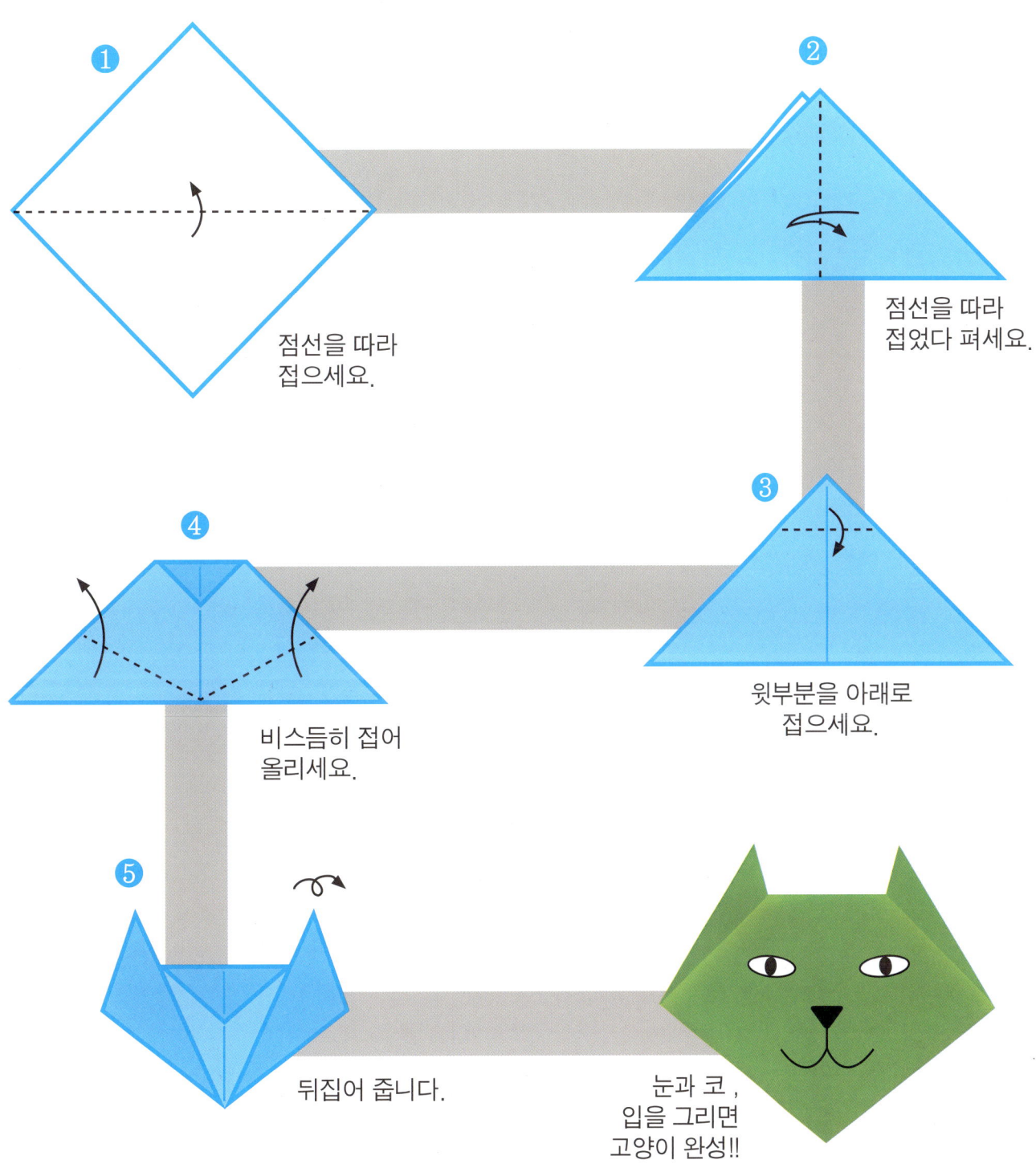

① 점선을 따라
접으세요.

② 점선을 따라
접었다 펴세요.

③ 윗부분을 아래로
접으세요.

④ 비스듬히 접어
올리세요.

⑤ 뒤집어 줍니다.

눈과 코 ,
입을 그리면
고양이 완성!!

45

이번엔 그림자 놀이를 해 보아요. 그림을 잘 보고 알맞은 그림자를 찾아 줄을 그어 보세요.

46

종이를 오려서 아기곰 그림을 맞추어 보세요.

완성된 그림

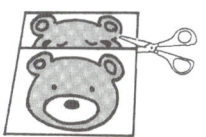 아래 두 개의 네모를 오린 다음,
위아래 그림을 겹쳐 다른 표정을 연출합니다.

▼아래 네모는 어머니께서 가위로 오려주십시오.

종이를 오려서 원숭이 그림을 맞추어 보세요.

완성된 그림

아래 두 개의 네모를 오린 다음,
위아래 그림을 겹쳐 서로 다른 표정을 연출합니다.

▼아래 네모는 어머니께서 가위로 오려주십시오.

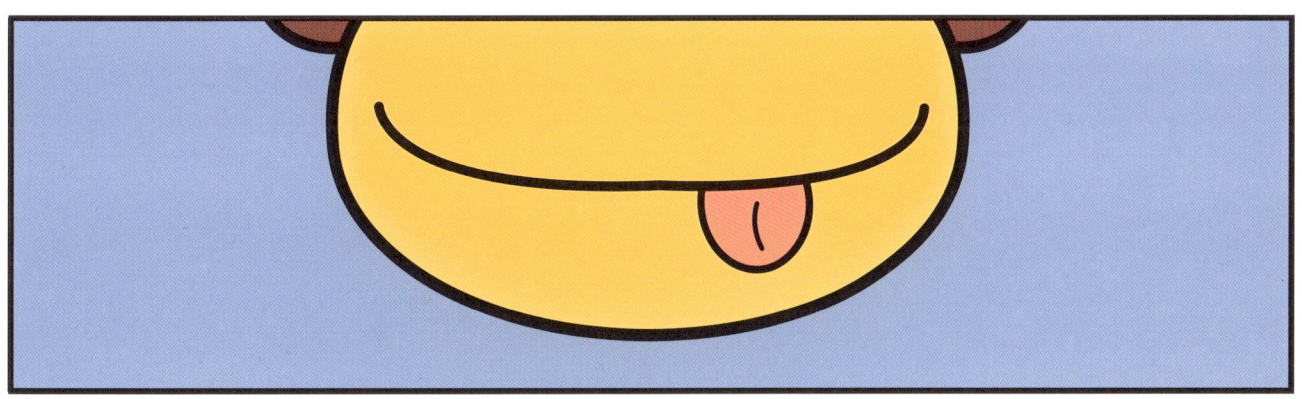

선을 따라 접어 신기한 종이접기를 완성합니다.

 만드는 방법 회색 점선을 먼저 접은 다음 보라색 점선을 접습니다.
누구의 얼굴이 될까요?

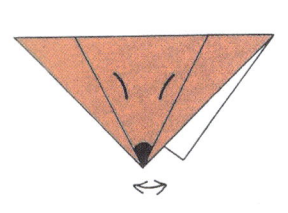 

✂ 여우

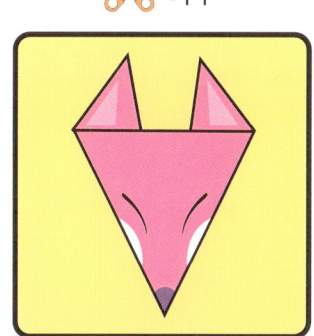

▼아래 네모는 어머니께서 가위로 오려주십시오.

신기한 종이접기

51

번호 순서에 따라 선을 그어 보고 예쁘게 색칠도 해 보세요.

팔에 낄 수 있는 블링블링한 팔찌는 어떻게 만드는지
번호 순서대로 색종이를 접어 보세요.

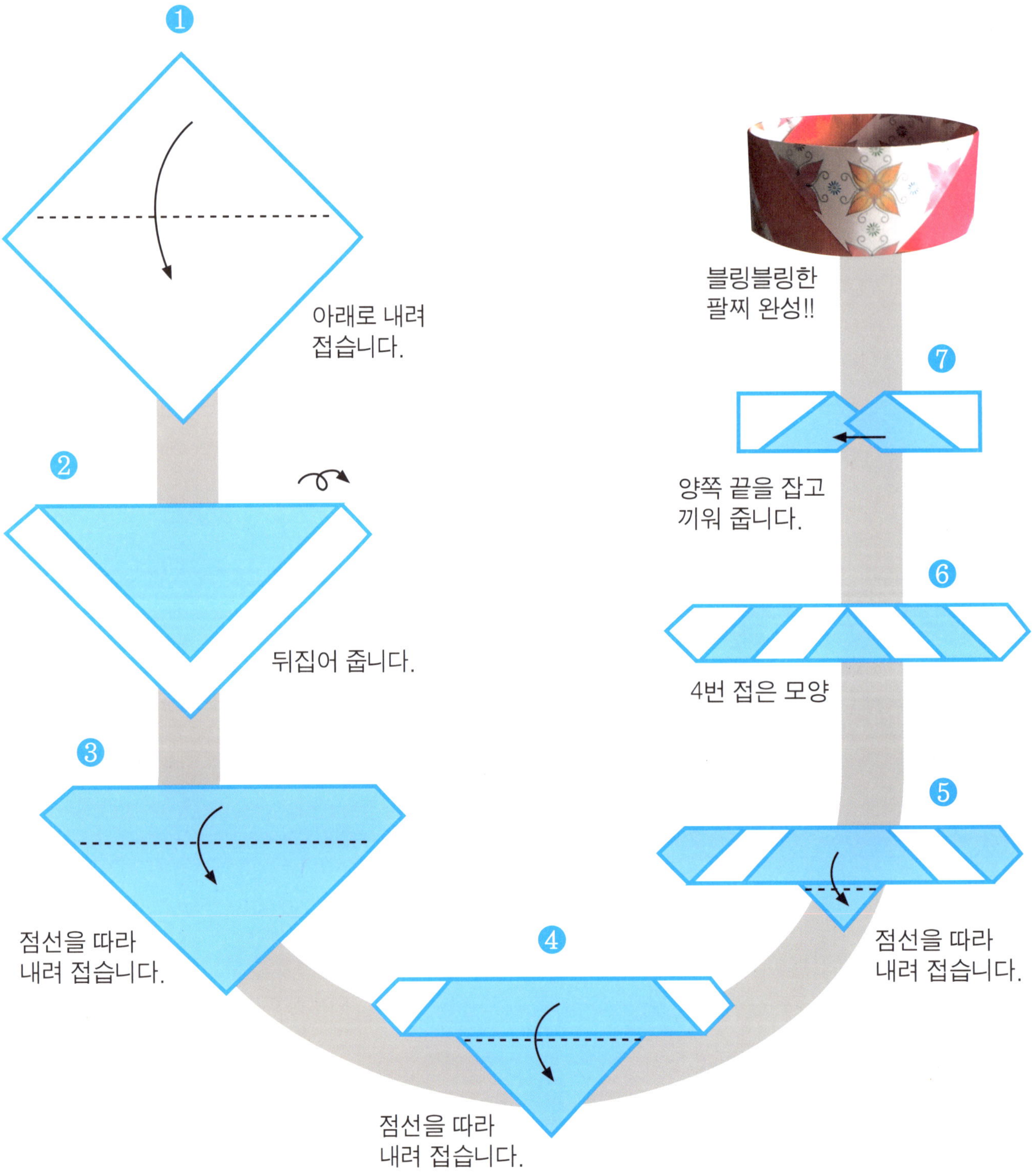

①

아래로 내려
접습니다.

②

뒤집어 줍니다.

③

점선을 따라
내려 접습니다.

④

점선을 따라
내려 접습니다.

⑤

점선을 따라
내려 접습니다.

⑥

4번 접은 모양

⑦

양쪽 끝을 잡고
끼워 줍니다.

블링블링한
팔찌 완성!!

각 모양을 오려 붙여 풍선 그림을 완성합니다.

 완성된 그림

 ① 뒷면 (나)에서 각각의 모양을 오려 둡니다.
② (가)에 있는 그림 모양에 맞추어 붙여 완성합니다.

(가)

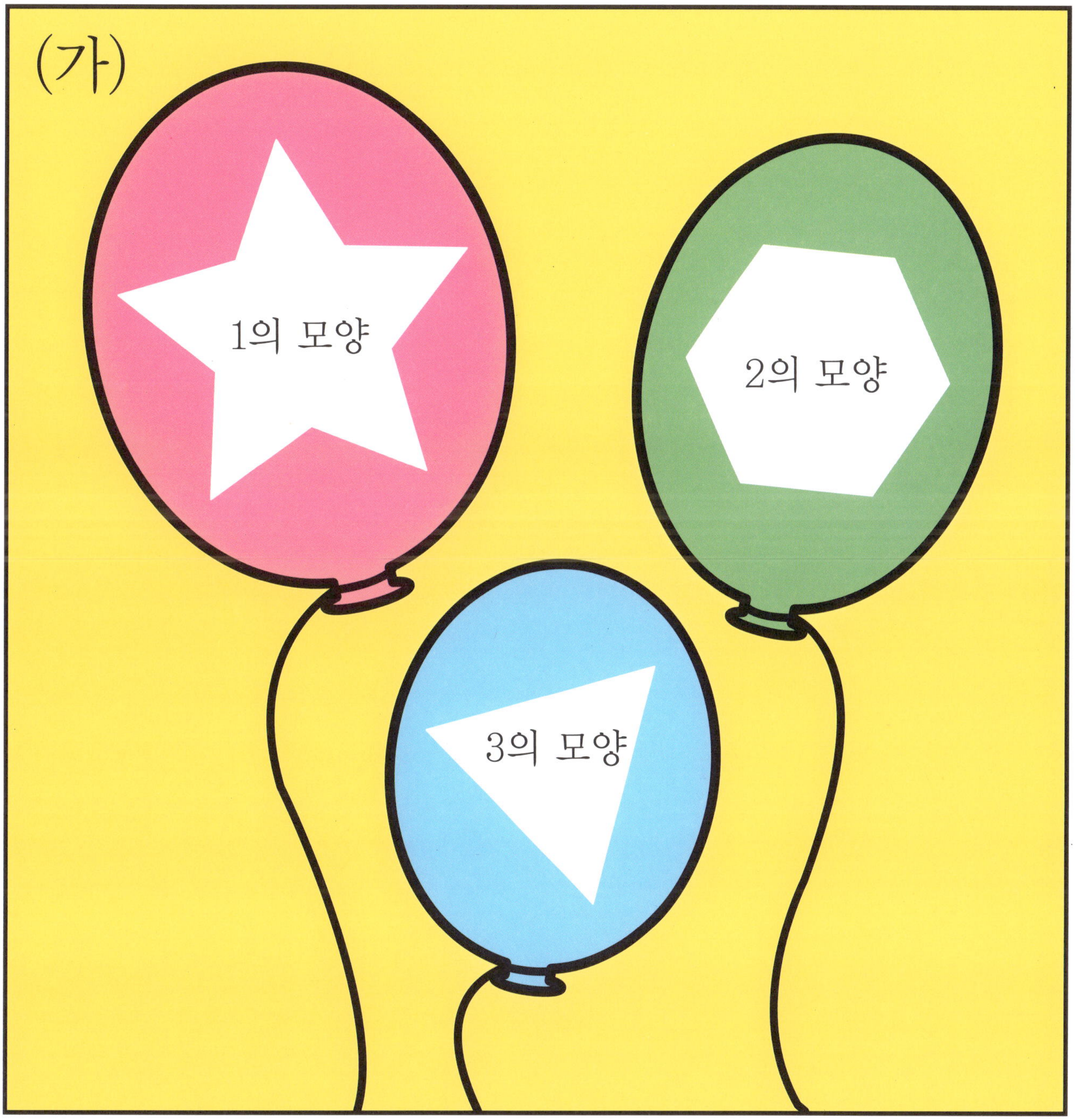

1의 모양

2의 모양

3의 모양

각 모양을 오려 붙여 풍선 그림을 완성합니다.

(나)

▼아래 모양들은 아이가 직접 가위로 오리게 합니다.

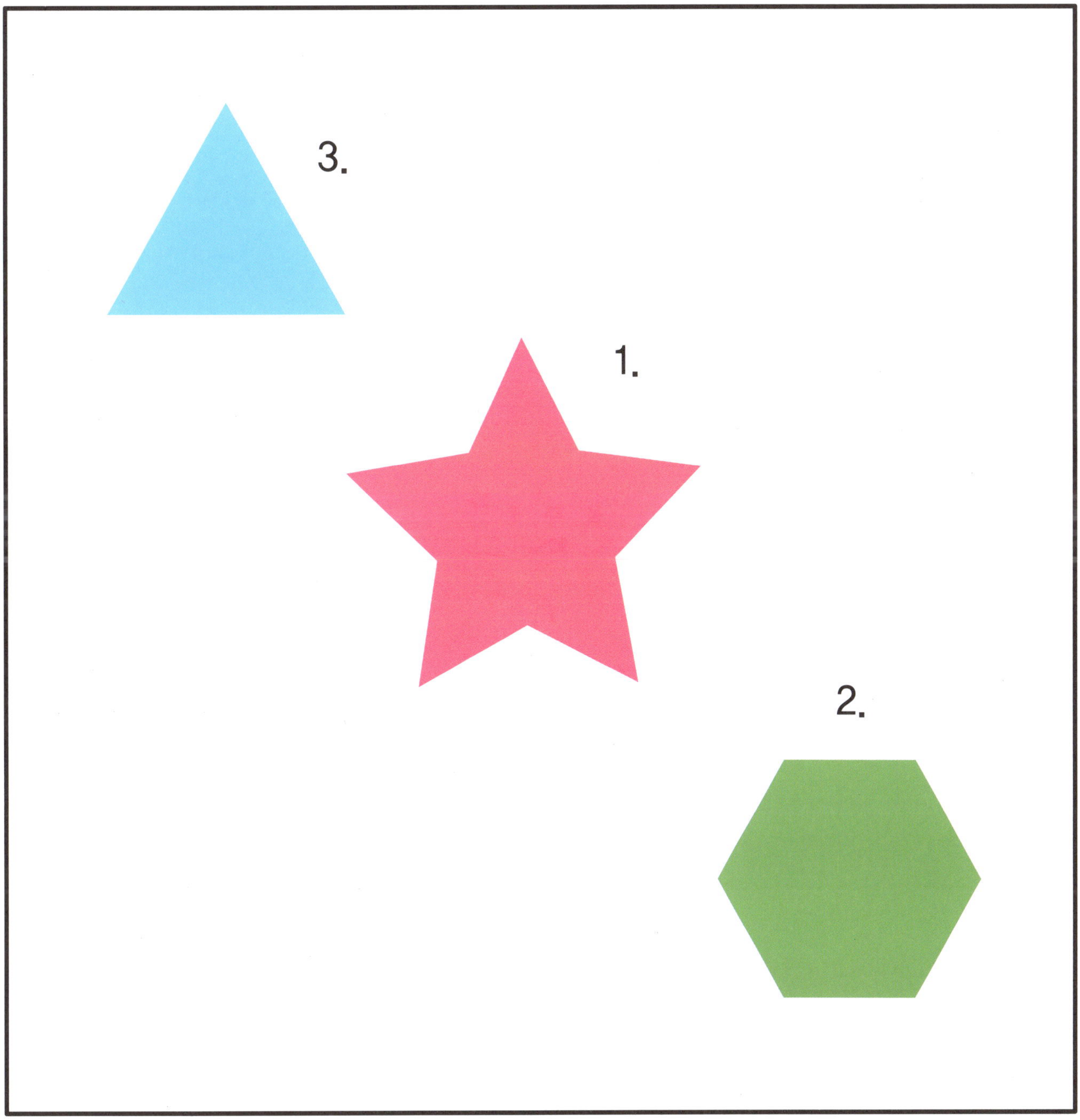

3.

1.

2.

종이를 오려서 돼지 그림을 맞추어 보세요.

 완성된 그림

 가운데 두 개의 직선을 똑바로 오린 다음, 가운데 그림을 한 바퀴 돌립니다.
세 개의 그림을 모아 돼지의 얼굴을 완성합니다.

▼아래 네모는 어머니께서 가위로 오려주십시오.

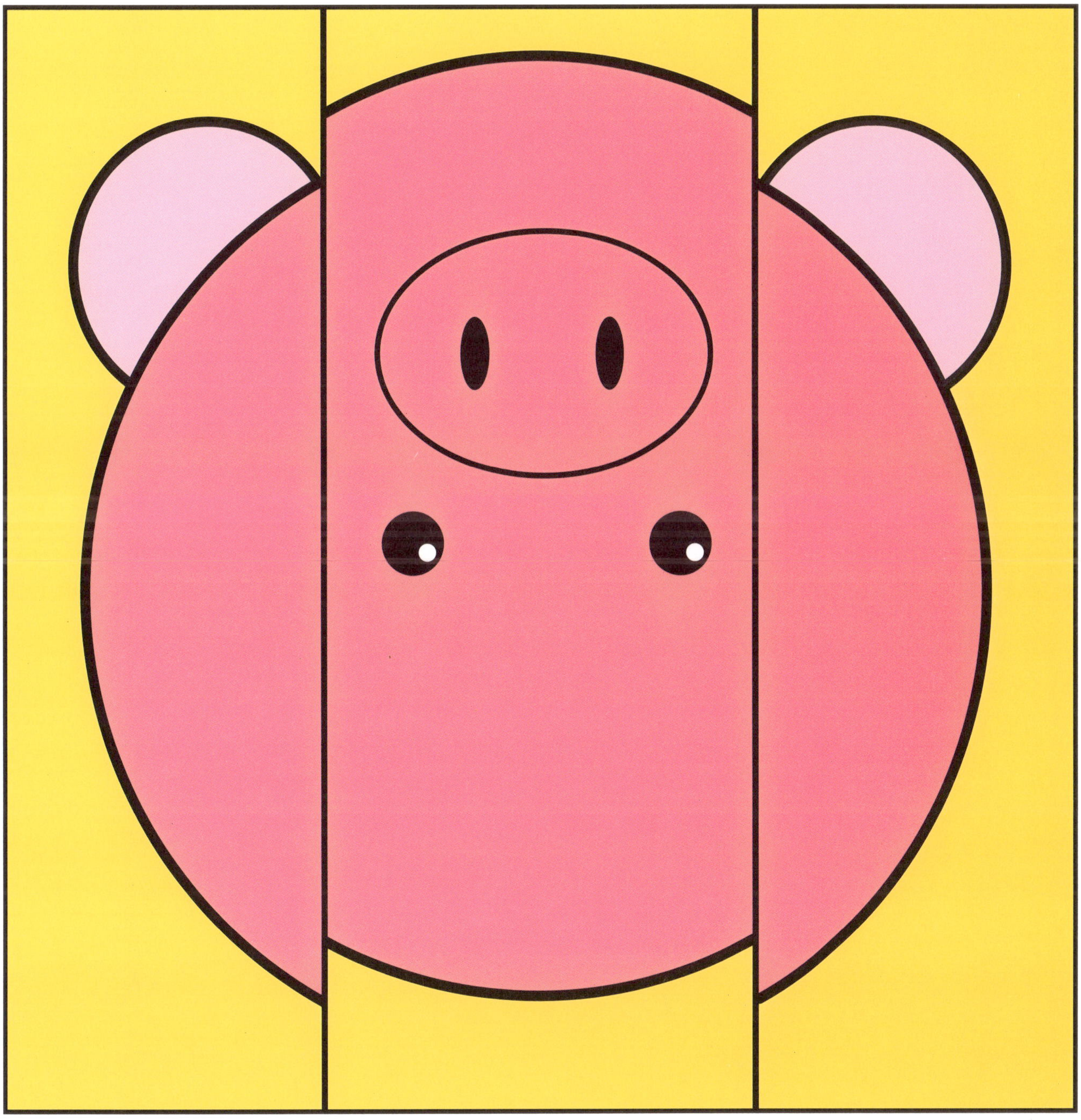

줄타기를 했더니 원숭이는 배가 고픕니다. 좋아하는 바나나를 찾
아 빨리 길을 찾아가 볼까요?

번호 순서에 따라 선을 그어 보고 예쁘게 색칠도 해 보세요.

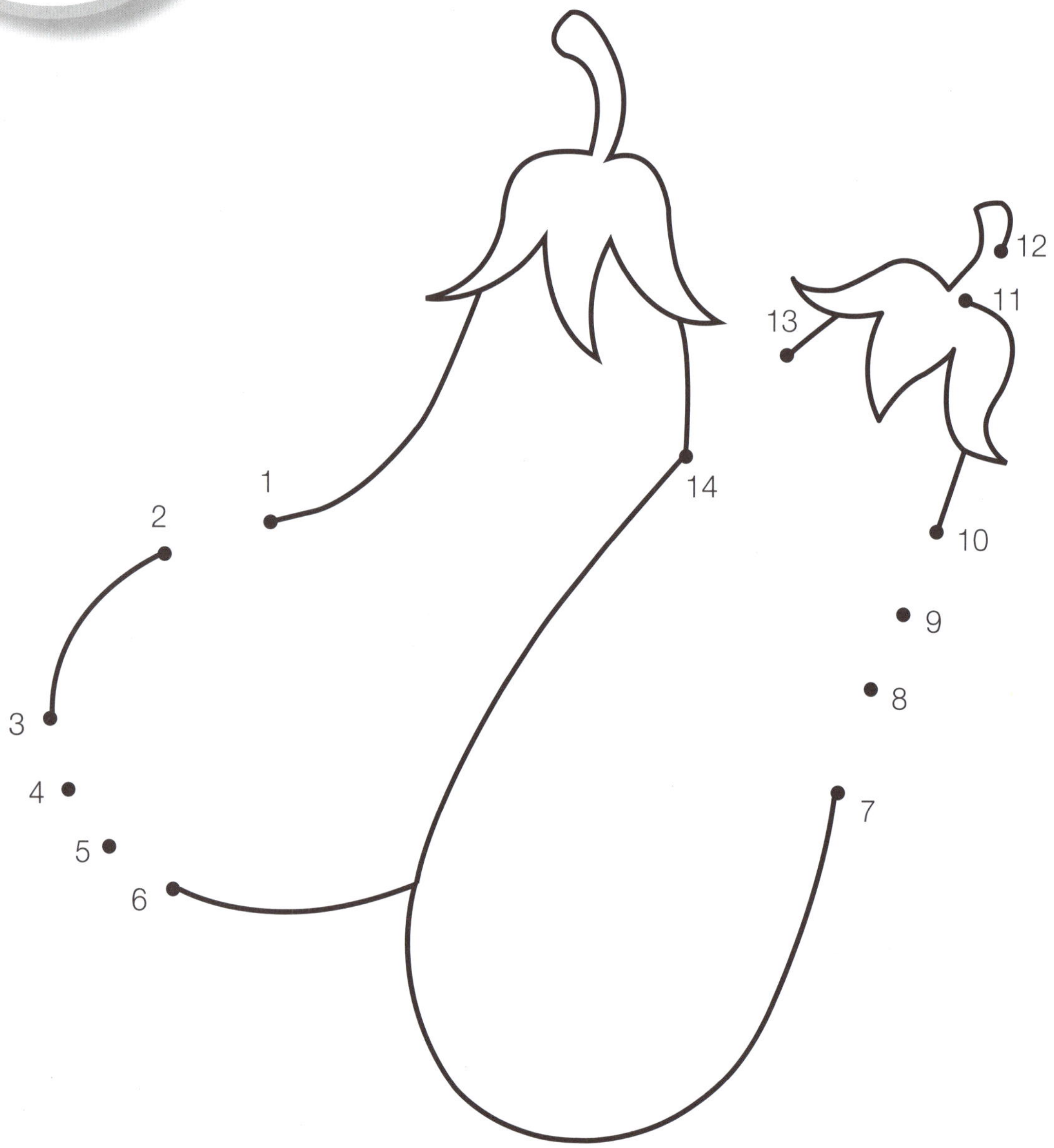

12

13

11

1

2

14

10

9

3

8

4

7

5

6

선을 따라 접어 신기한 종이접기를 완성합니다.
무엇이 몇 개입니까?

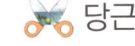

만드는 방법
하늘색 점선을 먼저 접은 다음 회색 점선을 접습니다.
이때 종이를 접기 전에 당근이 몇 개인지 먼저 세어봅니다.

당근

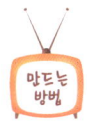

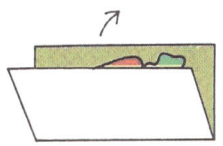

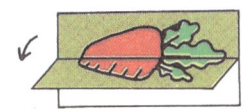

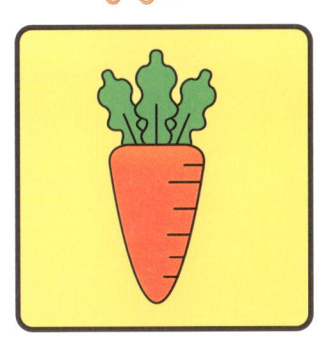

▼아래 네모는 어머니께서 가위로 오려주십시오.

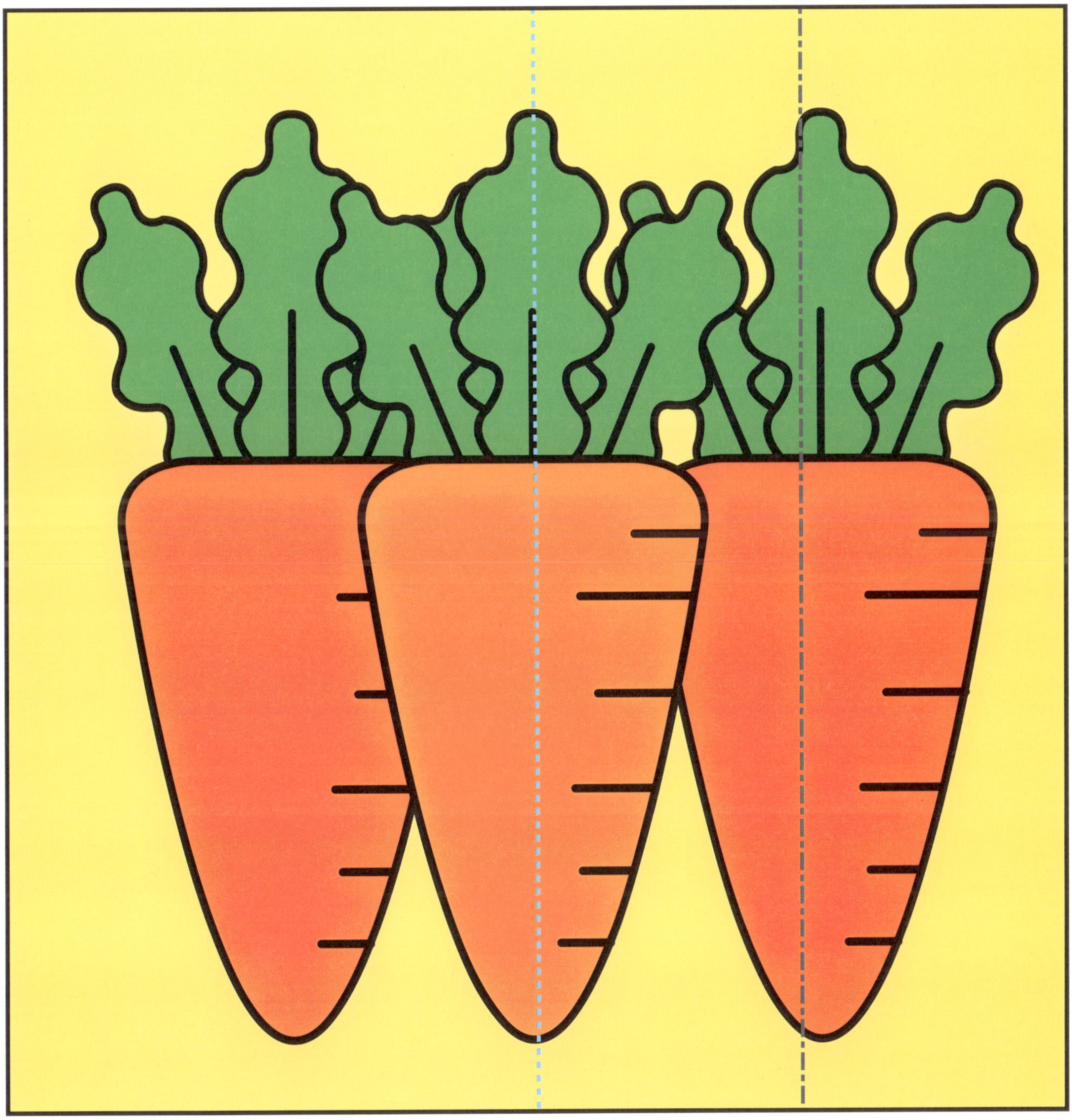

신기한 붙이기

각 모양을 오려 붙여 코끼리 그림을 완성합니다.

완성된 그림

만드는 방법

① 뒷면 (나)에서 각각 세 가지 모양을 오려 둡니다.
② (가)에 있는 '1의 모양' 위에 오려둔 1을 붙입니다.
③ 다시 '2의 모양'에 오려둔 2를 맞추어 붙입니다.
④ 나머지 '3의 모양'에 오려둔 3을 맞추어 완성합니다. 어떤 그림이 되었나요

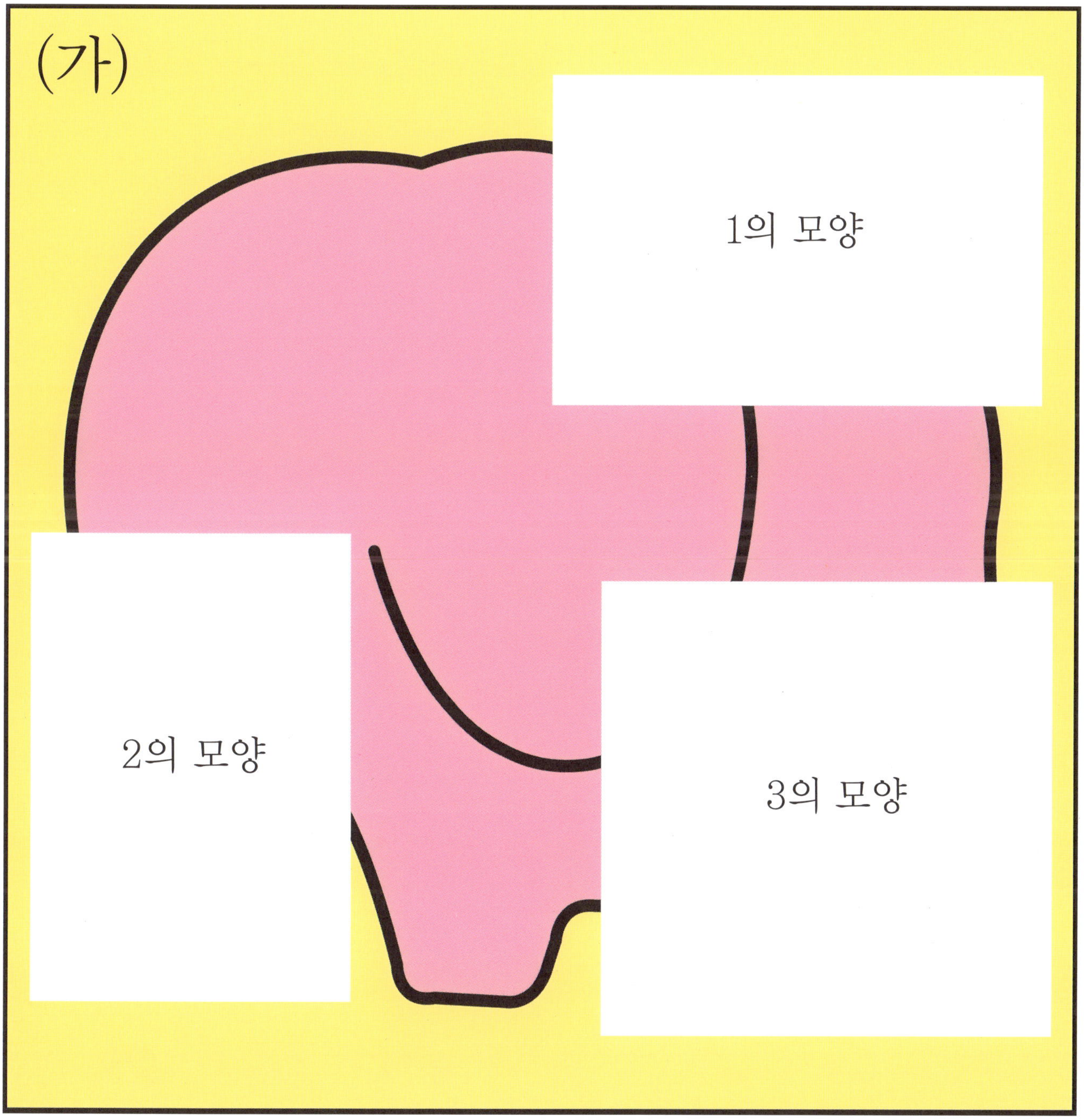

(가)

1의 모양

2의 모양

3의 모양

각 모양을 오려 붙여 코끼리 그림을 완성합니다.

(나)

▼아래 모양들은 아이가 직접 가위로 오리게 합니다.

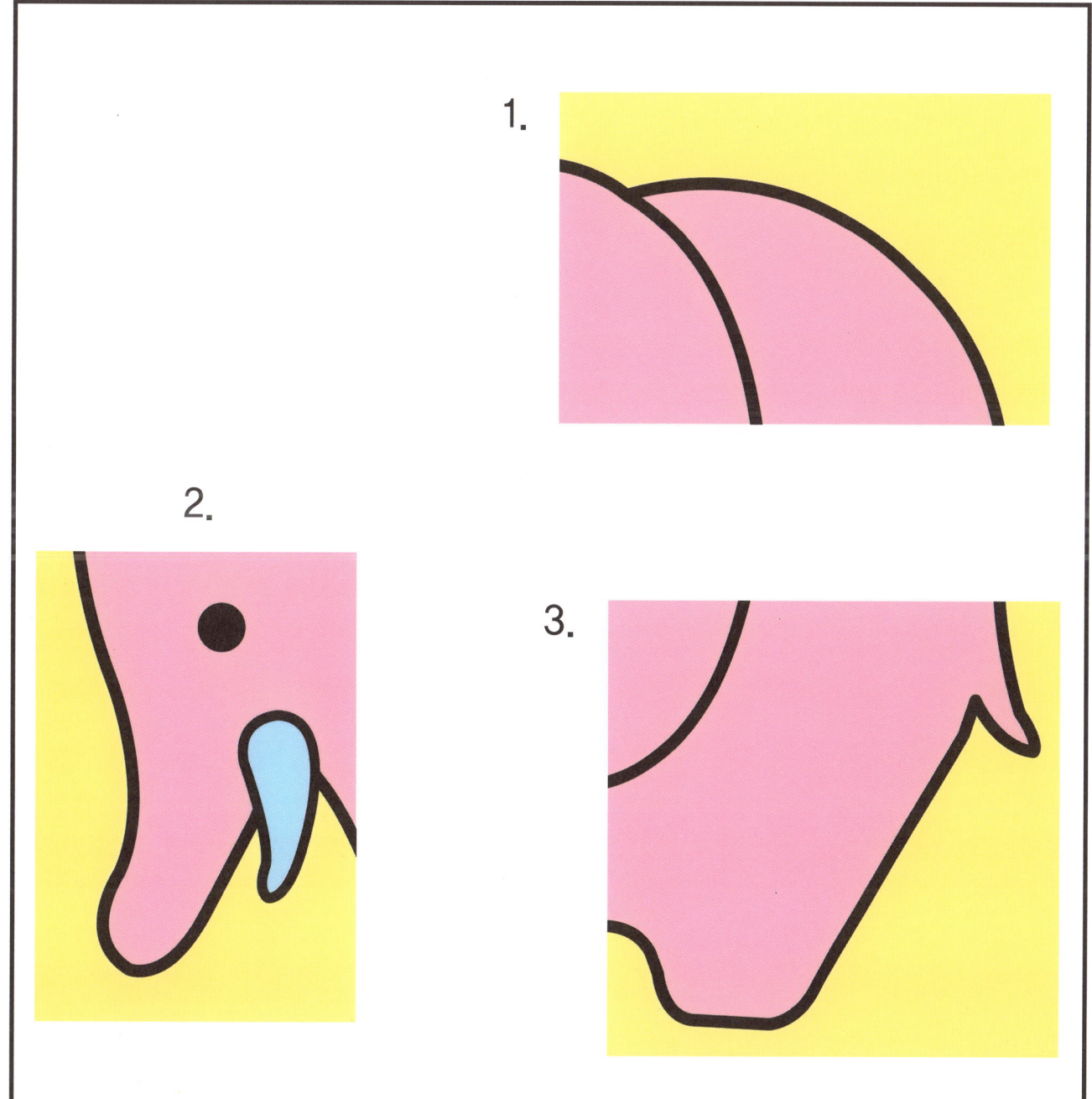

돈을 넣을 수 있는 지갑은 어떻게 만들까요?
번호 순서에 따라 예쁜 지갑을 만들어 보세요.

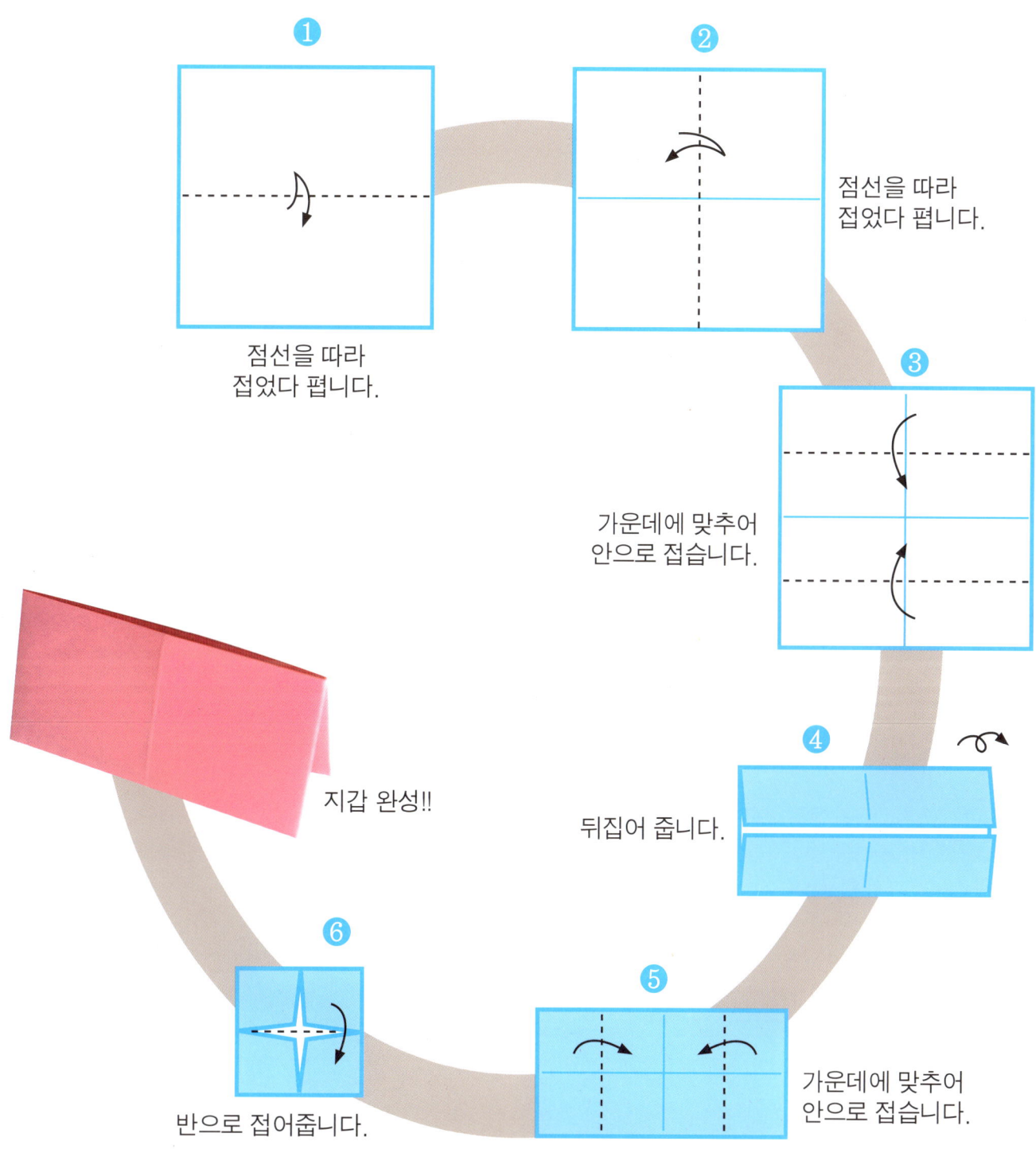

① 점선을 따라 접었다 폅니다.

② 점선을 따라 접었다 폅니다.

③ 가운데에 맞추어 안으로 접습니다.

④ 뒤집어 줍니다.

⑤ 가운데에 맞추어 안으로 접습니다.

⑥ 반으로 접어줍니다.

지갑 완성!!

지원이는 외출을 하려고 합니다. 그림을 잘 보고 머리와 몸, 발에
무엇을 입고 신어야 할 지 줄을 그어 보세요.

티셔츠

머리띠

양말

치마

70

종이를 오려서 하마 그림을 맞추어 보세요.

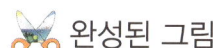

완성된 그림

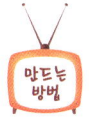

만드는 방법
가운데 파란 부분을 가위로 오려낸 다음,
오려진 두 개의 모양을 맞붙여 하마의 얼굴을 완성합니다.

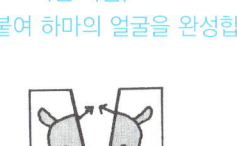

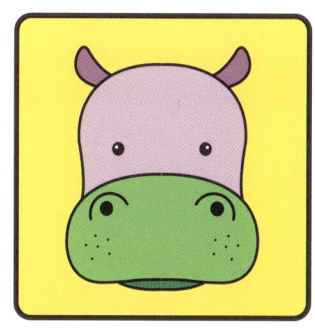

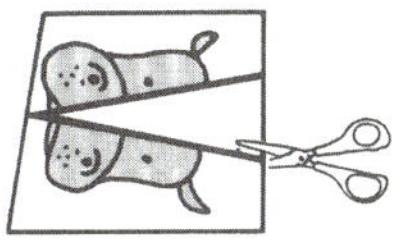

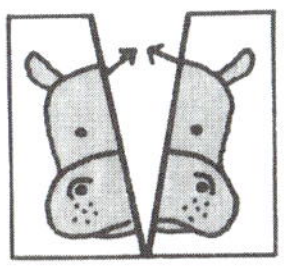

▼아래 네모는 어머니께서 가위로 오려주십시오.

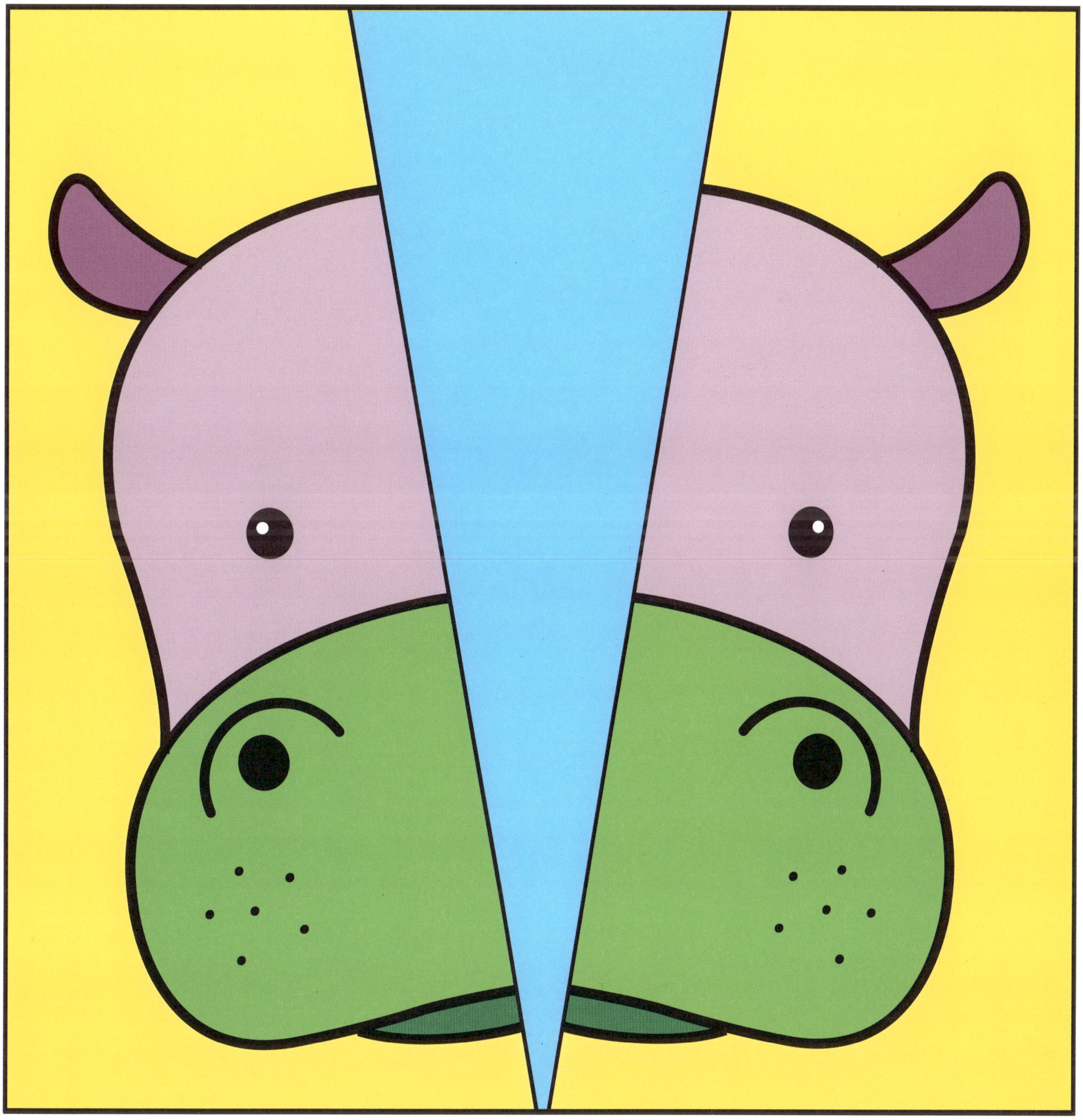

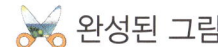

종이를 오려서 조랑말 그림을 맞추어 보세요.

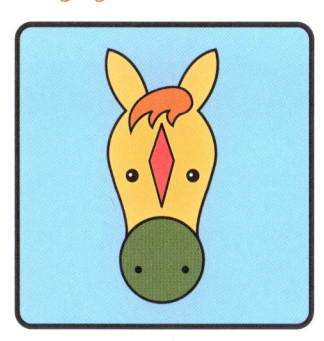

완성된 그림

만드는 방법

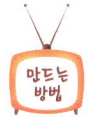

가운데 두 곳의 분홍색 부분을 가위로 오려낸 다음,
양쪽의 두 그림을 좌우로 뒤집습니다.
오려진 세 개의 그림을 맞붙여 조랑말의 얼굴을 완성합니다.

▼아래 네모는 어머니께서 가위로 오려주십시오.

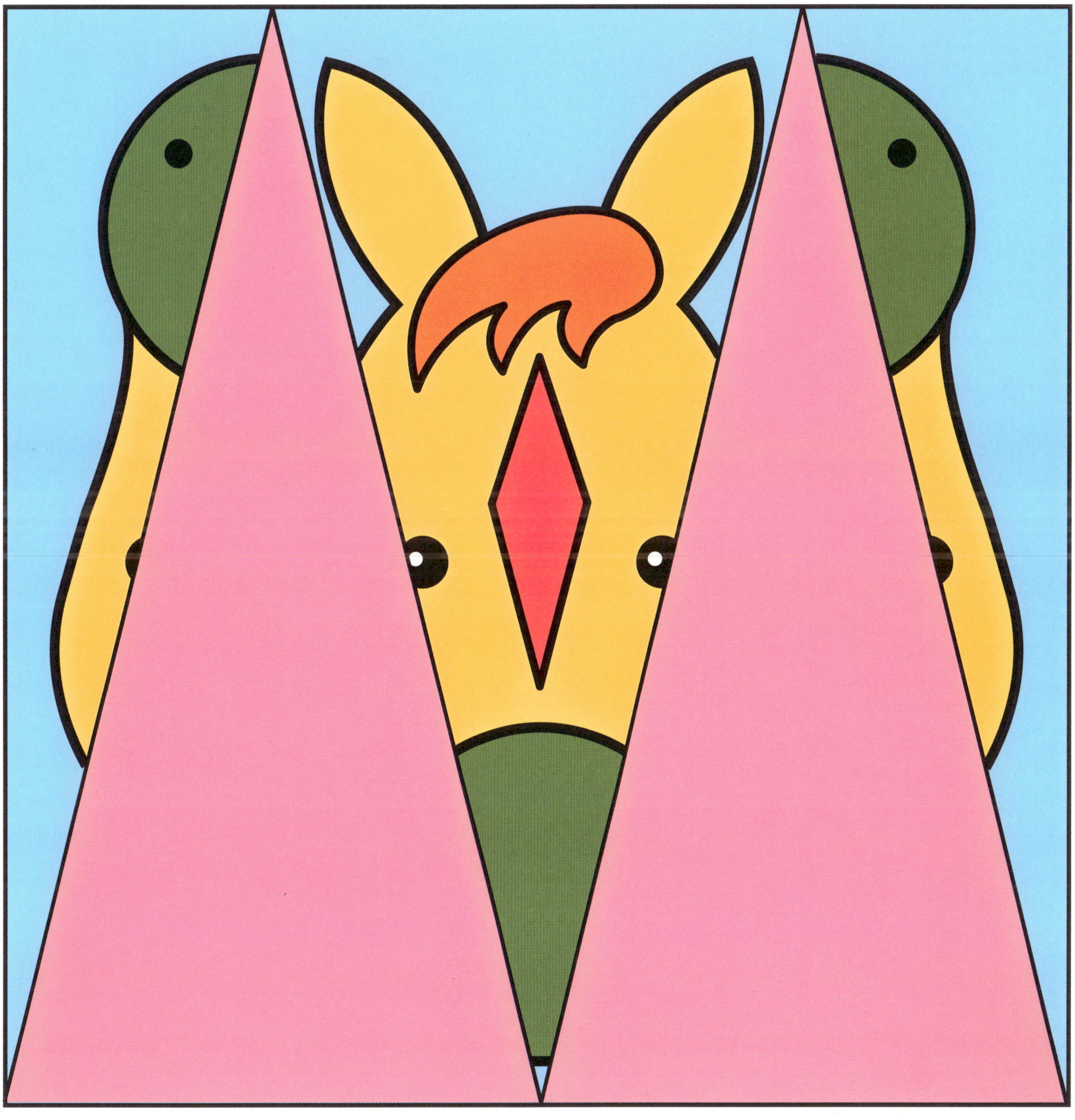

선을 따라 접어 신기한 종이접기를 완성합니다.

 코끼리

 네군데 점선을 따라 똑바로 접습니다.
앞 뒤로 보이는 것은 누구입니까?

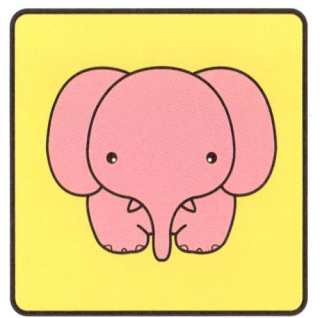

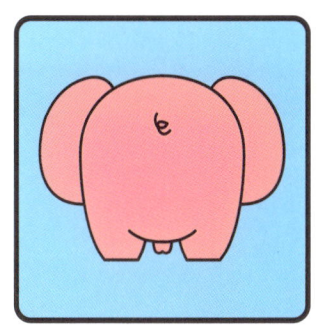

▼아래 네모는 어머니께서 가위로 오려주십시오.

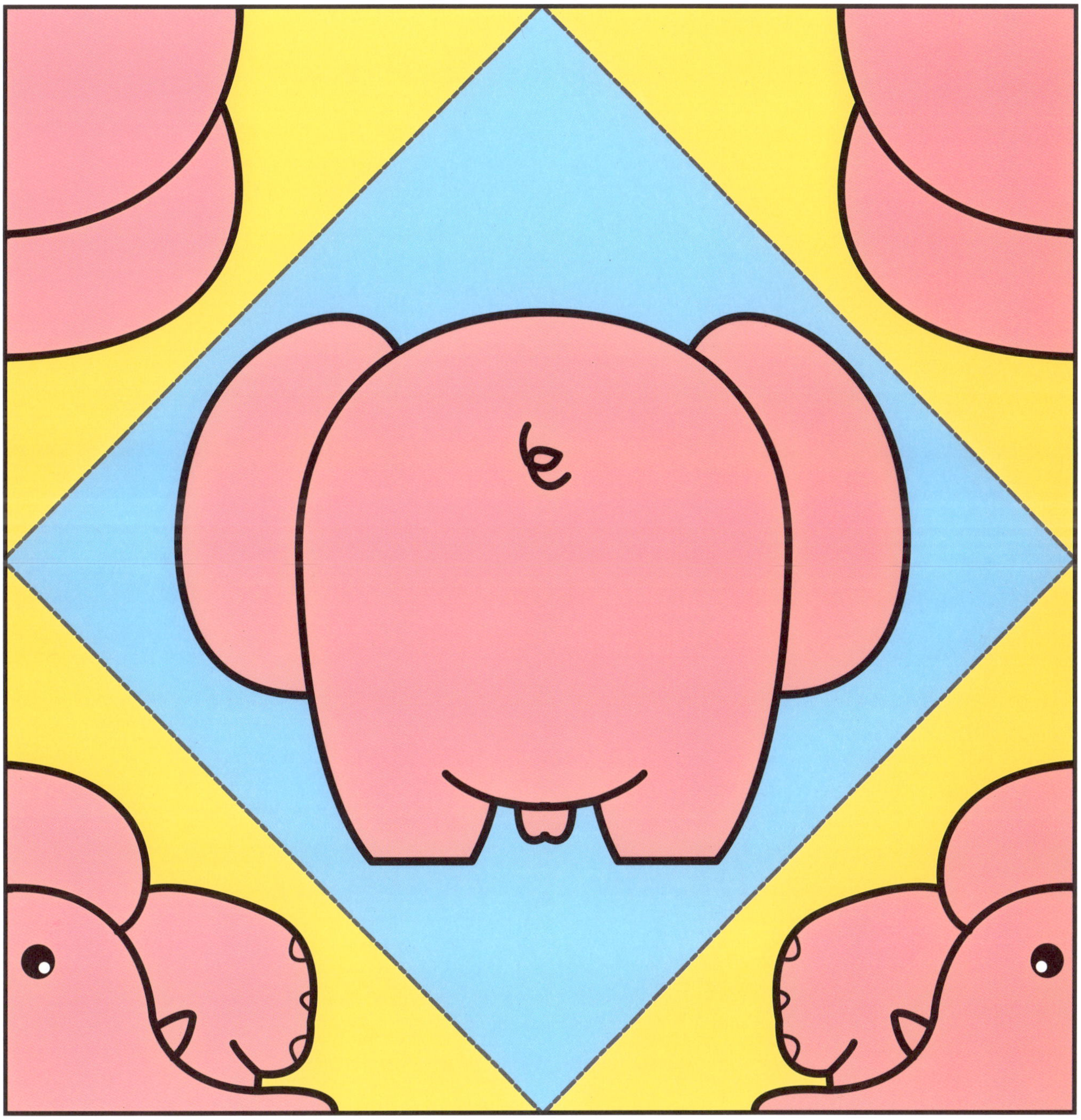

물속을 헤엄치는 예쁜 물고기 입니다.
어떻게 접는지 번호 순서대로 접어 보세요.

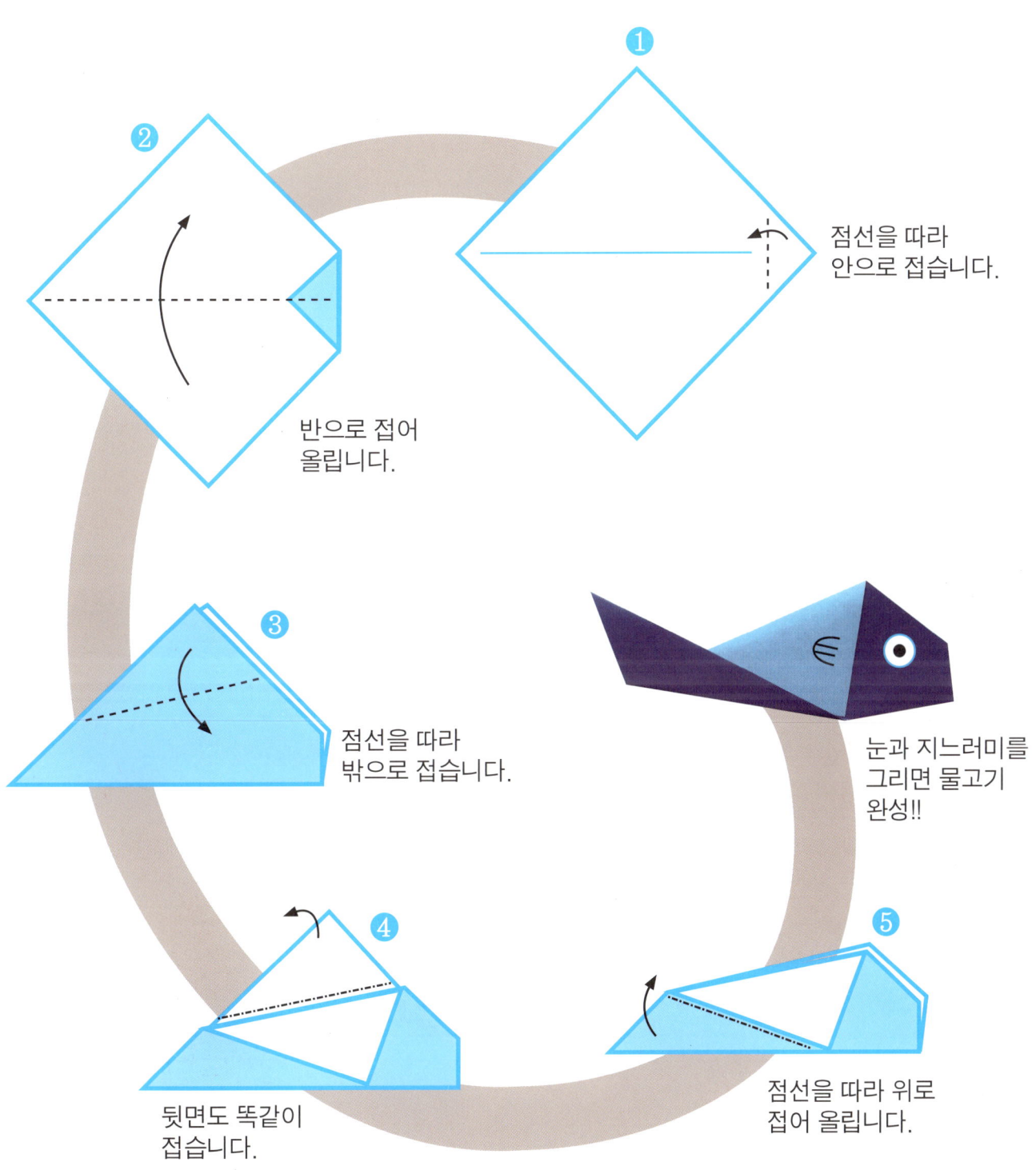

① 점선을 따라
안으로 접습니다.

② 반으로 접어
올립니다.

③ 점선을 따라
밖으로 접습니다.

④ 뒷면도 똑같이
접습니다.

⑤ 점선을 따라 위로
접어 올립니다.

눈과 지느러미를
그리면 물고기
완성!!

아기 개구리가 아빠를 만나러 갑니다. 초록색 연잎을 따라 아빠
에게 가 보세요.

78

번호 순서에 따라 선을 그어 보고 예쁘게 색칠도 해 보세요.

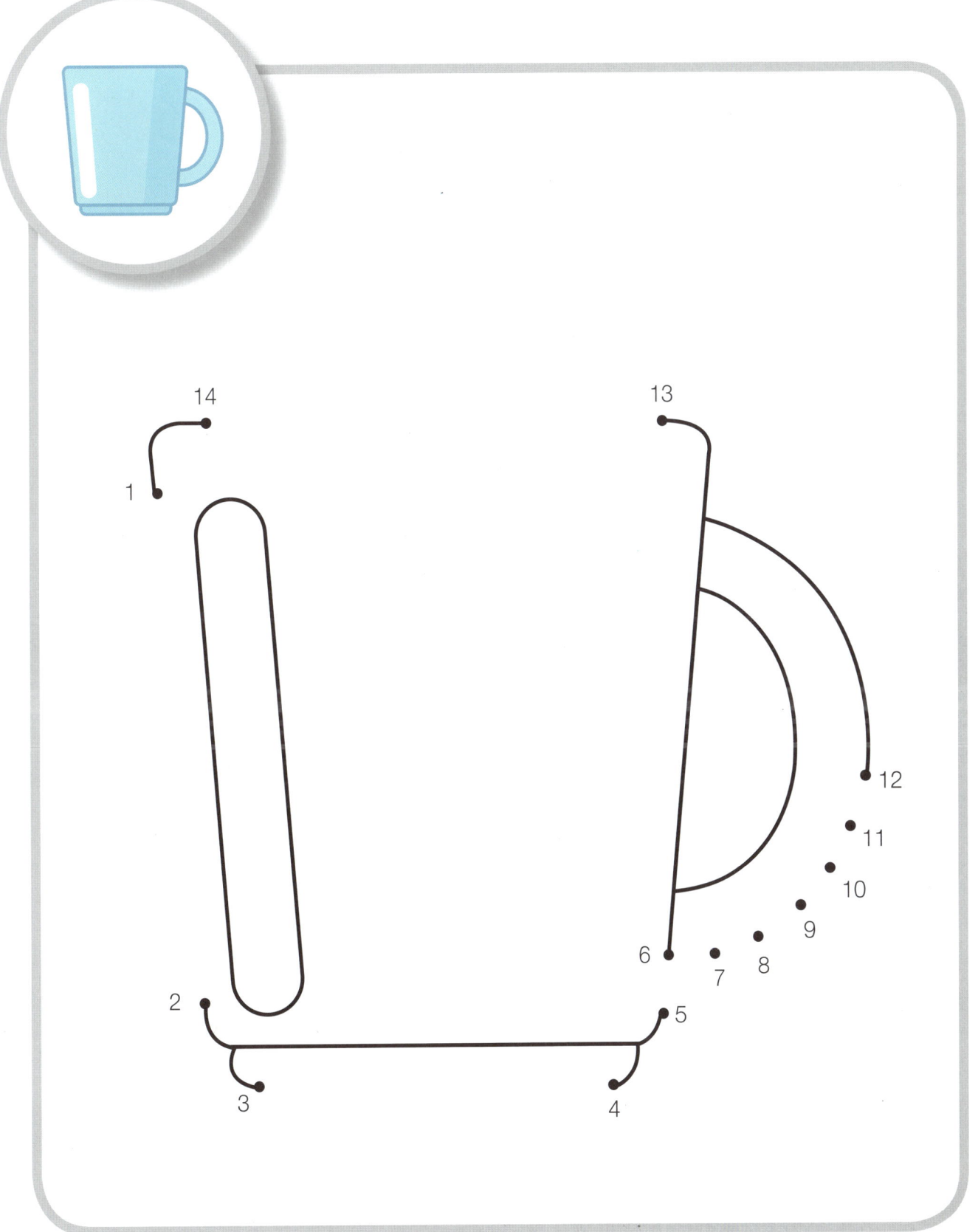

물을 따라 마실 수 있는 컵은 어떻게 접는지 번호 순서대로
접어 보세요.

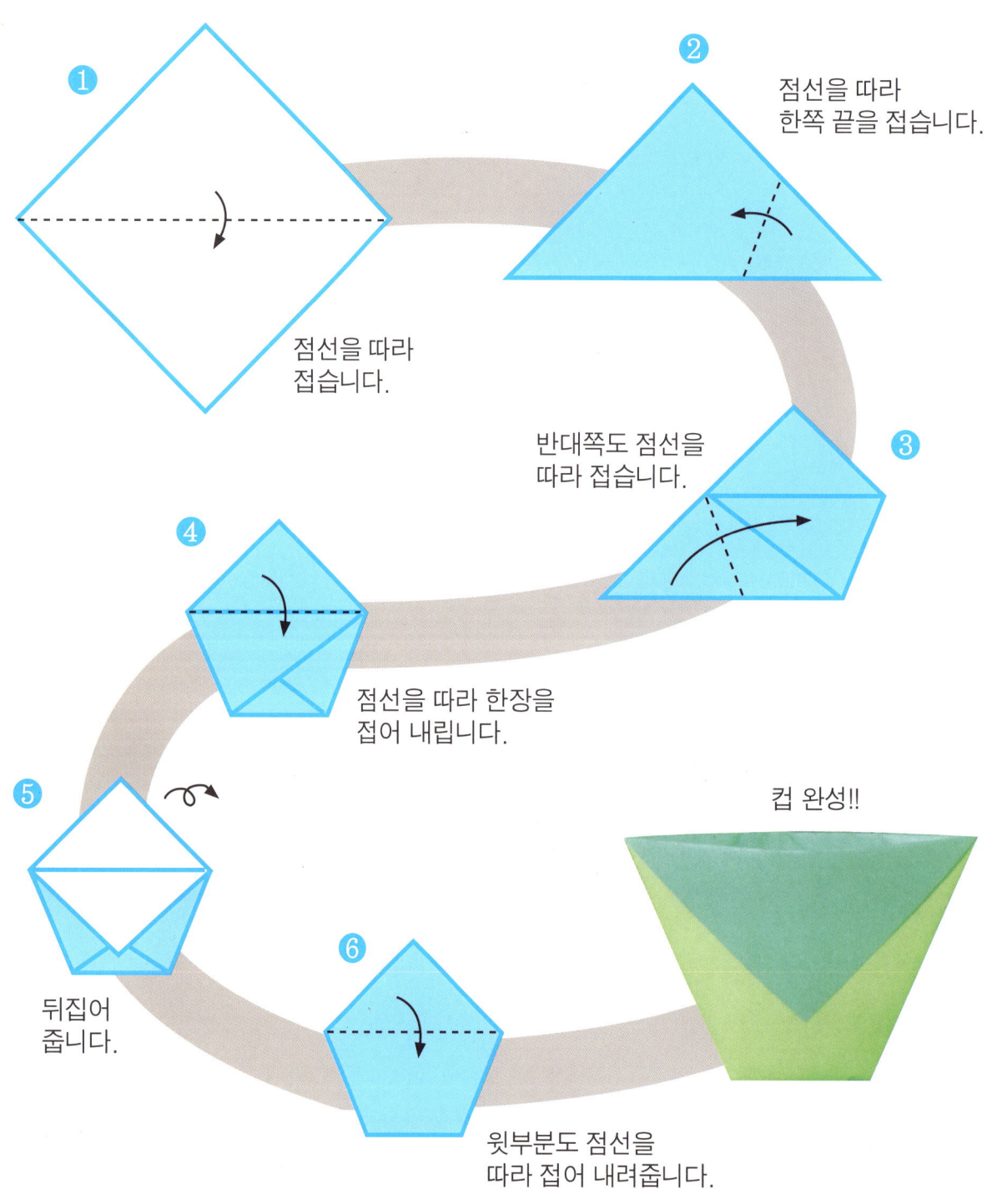

① 점선을 따라
접습니다.

② 점선을 따라
한쪽 끝을 접습니다.

③ 반대쪽도 점선을
따라 접습니다.

④ 점선을 따라 한장을
접어 내립니다.

⑤ 뒤집어
줍니다.

⑥ 윗부분도 점선을
따라 접어 내려줍니다.

컵 완성!!